ANTES QUE EU ME ESQUEÇA

Christine Bryden
com Sarah Minns

ANTES QUE EU ME ESQUEÇA

Como sobrevivi a um diagnóstico
de demência aos 46 anos

Tradução
Mirtes Frange de Oliveira Pinheiro

Copyright © 2015, Christine Bryden
Copyright do projeto © 2018, Editora Pensamento-Cultrix Ltda.
Texto de acordo com as novas regras ortográficas da língua portuguesa.
1ª edição 2018.
Todos os direitos reservados. Nenhuma parte deste livro pode ser reproduzida ou usada de qualquer forma ou por qualquer meio, eletrônico ou mecânico, inclusive fotocópias, gravações ou sistema de armazenamento em banco de dados, sem permissão por escrito, exceto nos casos de trechos curtos citados em resenhas críticas ou artigos de revistas.

A Editora Seoman não se responsabiliza por eventuais mudanças ocorridas nos endereços convencionais ou eletrônicos citados neste livro.

Coordenação editorial: Manoel Lauand
Capa e projeto gráfico: Gabriela Guenther
Editoração eletrônica: Estúdio Sambaqui

Dados Internacionais de Catalogação na Publicação (CIP)
(Câmara Brasileira do Livro, SP, Brasil)

Bryden, Christine
Antes que eu me esqueça : como sobrevivi a um diagnóstico de demência aos 46 anos / Christine Bryden, Sarah Minns ; tradução Mirtes Frange de Oliveira Pinheiro. -- São Paulo : Seoman, 2018.

Título original: Before I forget : how I survived being diagnosed with younger-onset dementia at 46

ISBN 978-85-5503-061-1

1. Bryden, Christine, 1949- 2. Demência - Pacientes - Autobiografia 3. Doença de Alzheimer - Pacientes - Autobiografia 4. Saúde I. Minns, Sarah. II. Título.

17-11636   CDD-616.83092

Índices para catálogo sistemático:
1. Doença de Alzheimer : Pacientes : Autobiografia
616.83092

Seoman é um selo editorial da Pensamento-Cultrix.
Direitos de tradução para o Brasil adquiridos com exclusividade pela
EDITORA PENSAMENTO-CULTRIX LTDA.
R. Dr. Mário Vicente, 368 – 04270-000 – São Paulo, SP
Fone: (11) 2066-9000 – Fax: (11) 2066-9008
E-mail: atendimento@editoraseoman.com.br
http://www.editoraseoman.com.br
Foi feito o depósito legal.

*A meu marido, Paul, que me incentiva
a lutar para sobreviver.*

*Às minhas filhas, Ianthe, Rhiannon e Micheline,
que passaram pelo trauma com serenidade.*

*Aos meus netos, que pensei que não teria
a oportunidade de conhecer e amar.*

*A todos que foram ou estão sendo diagnosticados
com demência e àqueles que os apoiam.*

ÍNDICE

Prefácio	9
Introdução	11
Antes e depois	15
Annie e o duque – e meu primeiro desafio mental	20
À prova do futuro	29
Uma estranha no ninho	35
Uma nova aventura	44
Vida perfeita	49
Uma nova carreira	63
Coragem para ir embora	76
O que estava por vir	87
Tempos difíceis	102
Nem tudo está perdido	114
Uma improvável história de amor	121
Uma nova vocação	132
Um dia lindo	146
Incidentes no Japão	150
De volta ao lar	159
Um dia ruim com demência	165
Seguindo em frente	176

Anexos

Recomendações	182
Considerações sobre o futuro no atendimento aos portadores de demência	199
Agradecimentos	207

PREFÁCIO

Se lhe dissessem que você iria conhecer uma mulher aposentada, que há vinte anos sofre de demência, provavelmente você não esperaria que fosse eu. Tenho sessenta e seis anos e ainda consigo manter uma conversa, rir e acompanhar os noticiários. Eu me visto bem, arrumo o cabelo regularmente e passeio com o cachorro todos os dias. Não vivo numa casa de repouso; viajo, gosto de ler. Tem gente que fica incomodada com o fato de eu conseguir fazer todas essas coisas.

Algumas pessoas querem saber como eu consegui ter uma vida normal por tanto tempo quando outras pessoas que têm demência parecem deteriorar tão rápido. Outras acham que estou fingindo – ou seja, que na verdade não há nada de errado comigo.

Antes de começar a contar a minha história eu gostaria de falar um pouco sobre essas reações, embora a resposta seja complexa e eu não possa explicá-la totalmente. Em primeiro lugar, devo dizer que a forma de demência que tenho há vinte anos é atípica. Ela está evoluindo muito mais lentamente do que a doença costuma evoluir, e não existe uma boa explicação para isso. Fui examinada por neurologistas e neuropsicólogos respeitados; faço exames de imagem para acompanhar a evolução da doença em meu cérebro. Mas ninguém sabe que tipo de demência eu tenho nem por que ela ainda não me matou. Simplesmente não sabemos o suficiente sobre o cérebro para desvendar esse mistério.

Quanto à questão do fingimento, bem, é verdade. Eu finjo todos os dias ser uma pessoa "normal". Todo dia é uma luta para mim e, às vezes, vou para a cama. Algumas vezes por quatro horas, outras por alguns dias, apenas pela exaustão causada por uma viagem, ou por sorrir, falar, pensar e responder.

Quando falo, a maior parte das minhas frases não contém as palavras que eu gostaria de dizer nem está gramaticalmente correta, e falo muito mais devagar do que antes. Fico constantemente decepcionada comigo mesma, e o tempo todo com medo de me perder no meio de uma frase. Eu era muito boa com as palavras – elas eram o meu instrumento. Agora parece que elas estão desaparecendo cada vez mais a cada dia, como as estrelas no vasto universo.

Minha memória, que antes era fantástica, hoje não é confiável. Em casa, estou sempre andando de um lado para o outro, tentando me lembrar de alguma coisa. Não me refiro ao ocasional "por que vim para este quarto?", mas a um caminhar incessante, cansativo e ridículo por ter me esquecido o que, exatamente, eu iria fazer.

Se você conversasse comigo por pouco tempo não perceberia nada disso. Talvez eu não o impressione com meu vocabulário nem me lembre do que comi no café da manhã, mas posso muito bem manter uma conversa se estiver relaxada, falar devagar e puder descansar bastante antes de nos encontrarmos.

Tenho de fazer um esforço imenso para parecer normal, para continuar defendendo as pessoas que têm demência. Não consigo mais fazer isso tão bem sozinha como antes. Portanto, eu viajo, mas meu marido precisa me lembrar onde estamos. Eu leio, mas nem sempre me lembro da trama. Eu converso com você, mas provavelmente precisarei me deitar depois. Eu escrevi este livro, mas, ao contrário de meus dois livros anteriores, desta vez precisei de um pouco de ajuda. Algumas das histórias contadas neste livro eu não teria me lembrado sem o auxílio de outras pessoas que estavam presentes. Tem dias em que tudo o que quero fazer é desistir da luta constante e exaustiva e parar de tentar ser normal, parar de fingir. Mas não posso. Não é do meu feitio abandonar uma briga, sobretudo quando sei que muitas pessoas que sofrem de demência não têm a oportunidade que eu tenho de continuar falando e tentando. Mesmo que eu deixe você confuso ou perturbado, ou mesmo que você duvide de mim, vou continuar lutando e contando a minha história. Antes que eu me esqueça.

Christine Bryden
Agosto de 2015

INTRODUÇÃO

Minha mãe fechou os olhos, segurou a caneta no alto e desenhou círculos no ar. Em seguida, abaixou a caneta sobre sua revista *Good Housekeeping*, já repleta de marcas. Como a tinta estava acabando, ela pressionou a ponta da caneta sobre a marcação que tinha feito na página.

– "P" – disse ela.

Eu olhei para ela, com o lápis posicionado sobre uma folha de papel. Ela olhou para o relógio em cima da arcada da lareira.

– Já!

E lá fomos nós. Estávamos brincando de um jogo chamado Cidade, País, Mar e Rio. Tínhamos de escrever o maior número possível de cada um deles que começasse com a letra "p", depois nomes de meninas, meninos, animais e plantas, em cinco minutos. Mamãe era competitiva. Ela era muito boa nesse jogo, e, embora eu tivesse dez anos e ela trinta e oito, ela me incentivava a vencê-la e nunca perdia de propósito. Consequentemente, entre um jogo e outro, eu estudava o velho atlas, memorizando nomes de cidades, países e rios desconhecidos. Inglês era a segunda língua da minha mãe – talvez ela gostasse do desafio de se lembrar dos nomes das coisas em inglês.

A memória é um dos processos cognitivos com o qual tenho grande dificuldade hoje em dia, por isso dou muito valor a esses jogos da minha infância. Eles me remetem a uma época em que meu cérebro estava se desenvolvendo, se expandindo, forjando novas vias, ao contrário do que acontece hoje, quando ele está em declínio gradual. Eles me lembram do tempo precioso que eu passava com aquela mulher tão inteligente, que já morreu. E dou, também, muito valor a esse fato simplesmente por ser uma memória, e eu adoro e protejo as memórias que me restaram.

Muitos anos depois, numa pequena sala de um centro de pesquisas do outro lado do mundo, eu estava sentada com uma neuropsicóloga. Eu ia fazer uma bateria de testes, cujas pontuações, combinadas com um exame de ressonância magnética marcado para aquela tarde, seriam entregues a um professor que tentaria diagnosticar meu tipo de demência. A neuropsicóloga pediu que eu citasse o maior número possível de palavras que começassem com a letra "s" – com exceção de nomes próprios. Comecei a lhe contar sobre o jogo que eu praticava com minha mãe quando era criança. Ela sorriu educadamente, mas me interrompeu. Ela só queria que eu fizesse o teste. Então comecei a pensar... Não me ocorreu nada. Lentamente, muito lentamente, falei o nome de algumas coisas concretas que eu podia ver ao meu redor na sala e através da janela: grampeador (*stapler*), assento (*seat*), céu (*sky*). Depois pensei mais um pouco.

– Ah... estábulos (*stables*) – exclamei, triunfantemente. – Degrau (*step*)! Hum...

Depois a inspiração se foi. Não consegui mais nada. Fiquei muito decepcionada com meu fracasso, lembrando como eu era boa nesse jogo quando criança. Mas agora me ocorreu um pensamento: Como é que eu me sairia nesse teste, como é que eu me sairia na vida, como é que eu lidaria com a demência se minha mãe não tivesse me incentivado a ter um bom desempenho e a me lembrar de tanta coisa quando eu era pequena?

Essa é a história da minha vida – mas de certa forma é também uma biografia do meu cérebro. Na infância, era um cerebrozinho faminto que aprendia dois idiomas, memorizava fatos geográficos e assimilava tantos livros quanto eu podia pegar emprestado por semana na biblioteca. Na adolescência, era um cérebro inteligente que amava o conceito recém-descoberto de "estudar", em vez de apenas buscar a aprovação nos exames, e que me fazia debruçar sobre meu livro didático adorado: Química orgânica de Fieser e Fieser. No início da idade adulta, era um cérebro confuso – que se debatia com as aflições da anorexia e da depressão, problemas que na época eram pouco compreendidos. Na meia-idade, meu cérebro voltou à sua antiga forma – eu era admirada e promovida no trabalho, comecei a fazer amizades saudáveis e significativas, aprendi a ser uma mãe melhor para minhas três filhas. E então, pouco tempo depois, ele desenvolveu uma forma de demência que já deveria ter me matado, mas que não o fez. E embora meu cérebro esteja em declínio e eu tenha perdido grande parte da minha capacidade funcional, tenho conseguido formar novas conexões mesmo enquanto ele se degenera e também mantê-lo funcionando da melhor maneira que posso.

Demência em si não é uma doença, mas uma forma de descrever um declínio progressivo da memória ou de outras habilidades de pensamento. A doença de Alzheimer é a causa mais comum de demência, seguida por demência vascular e vários tipos de demências frontotemporais. Quero deixar bem claro três coisas a respeito da minha demência: em primeiro lugar, não há nenhuma dúvida em relação ao meu diagnóstico. Ao longo dos últimos vinte anos meu tecido cerebral tem apresentado uma atrofia progressiva e mensurável, de acordo com exames de tomografia computadorizada, tomografia por emissão de pósitrons e ressonância magnética, e meu desempenho nos testes neuropsicológicos também revelou declínio. Em segundo lugar, minha forma de demência é atípica, pois está evoluindo muito lentamente – muito mais do que a média. E embora eu tenha feito inúmeros exames, os especialistas não conseguem determinar com precisão a causa exata. Ninguém saberá ao certo que tipo de demência eu tenho até que seja possível fazer uma biópsia do meu cérebro. Como eu preciso de cada célula nervosa que tenho neste momento, a hora da verdade só chegará após a minha morte. Em terceiro lugar, antes da demência meu cérebro funcionava num nível altíssimo (possivelmente nos dois percentis superiores no mundo), de modo que para avaliar o quanto perdi é preciso entender o quanto eu tinha antes. Não sei se esse é um dos fatores que tornam a minha demência atípica, mas graças a essa forma rara e lenta da doença consigo fazer algumas importantes contribuições que, espero, possam ajudar outras pessoas com demência em todo o mundo.

Sou uma especialista na experiência viva da demência. Eu desenvolvi algumas estratégias para contornar algumas das dificuldades mais comumente enfrentadas pelas pessoas que têm demência (essas estratégias estão espalhadas por todo o texto, mas o anexo "Recomendações" traz uma lista abrangente). Eu defendo os direitos, a dignidade e, o mais importante, a esperança das pessoas que têm demência.

O diagnóstico de demência pode ser incapacitante. E quando o médico lhe diz que daqui a uns cinco anos você terá de ser internada numa casa de repouso e poucos anos depois vai morrer, essa notícia tem um efeito devastador sobre a sua motivação de continuar tentando. Passar da aceitação do declínio à esperança de sobrevivência representa uma enorme mudança de paradigma. Mas todos os dias eu luto para sobreviver com demência, tentando com toda a energia que me restou criar novas conexões cerebrais quase com a mesma rapidez com que meu cérebro está se tornando doente e disfuncional. Acredito que seja possível algum grau de reabilitação.

Quero falar sobre sobreviver à demência, sobre desafiar a demência e sobre dar a volta por cima. Quero falar também sobre a jornada do meu cérebro desde o meu nascimento até agora, pois quero tentar entender e descrever como minhas experiências de vida se combinaram para me transformar na mulher que tenho orgulho de ser hoje: uma mulher de sessenta e seis anos vibrante, saudável, batalhadora e amada, que tem demência.

ANTES E DEPOIS

EXISTE UMA CLARA DICOTOMIA na minha vida adulta: ela se divide em antes de o médico dizer que eu tinha demência, e o que veio depois desse momento. Até aquele dia, eu era uma cientista inteligente e versátil que fazia várias coisas ao mesmo tempo e cuja trajetória profissional parecia não ter limites. Era também uma mãe dedicada que acompanhava de perto a vida das filhas, que passava todo o tempo livre com elas, conversando, lendo. Assim que soube que meu cérebro tinha uma doença degenerativa incurável, eu me senti exilada do meu antigo eu e da minha antiga vida.

Era 1995. O meu divórcio, depois de um casamento longo e infeliz, tinha acabado de ser concluído. Minhas duas filhas mais novas (então com 9 e 14 anos) e eu tínhamos passado o fim de semana fazendo a mudança para a nova casa – uma casa que havíamos acabado de comprar em Camberra. Minha filha mais velha (de 20 anos) estava em Sydney, na universidade. Finalmente eu tinha saído de um casamento que me causara muita dor, humilhação e incerteza durante muitos anos. Eu tinha um alto cargo no setor público: era subsecretária do Departamento do Primeiro-Ministro e seu Gabinete (Department of the Prime Minister and Cabinet), onde atuava chefiando uma divisão e prestando consultoria sobre ciência e tecnologia ao primeiro-ministro. Eu era extremamente organizada, conseguia memorizar um monte de informações e fazer várias coisas ao mesmo tempo. As pessoas só precisavam me dizer algo uma vez, pois ficaria registrado na minha mente para sempre. Devo admitir que eu olhava com certo desdém para as pessoas que não tinham a mesma capacidade que eu. Eu não fazia ideia de que raciocínio rápido, criatividade e memória privilegiada não eram características comuns. (É estranho, mas mal reconheço a mulher sobre a qual estou escrevendo – certamente não se parece comigo hoje. É como se estivesse falando de alguém que eu conhecia, uma irmã ou amiga que não vejo há muito tempo e que era parte importante da minha vida, mas com a qual agora só consigo me identificar vagamente.)

Mas já havia alguma coisa errada há mais ou menos um ano. Eu estava com dificuldade no trabalho. Algumas coisas escapavam à minha memória, que até então era excelente. Além disso, eu tinha enxaquecas terríveis que duravam dias e que às vezes ocorriam uma vez por semana. Eu atribuí tudo isso ao estresse e segui em frente com a ajuda inestimável da minha secretária particular e de alguns analgésicos fortes. Mas era impossível conviver com a dor, e, no fim de 1994, consultei uma médica compreensiva que, depois de tentar várias estratégias, solicitou uma tomografia computadorizada (TC).

Eu não era o tipo de pessoa que tinha dores de cabeça, por isso pensei em "tumor cerebral". Porém, talvez por ser cientista, já que eu havia passado toda a minha vida profissional analisando pesquisas científicas, eu tenha sido um pouco pragmática. Se você tem dor de cabeça, as causas mais prováveis são tensão, falta de sono, desequilíbrio hormonal ou enxaqueca, problemas muito comuns em mulheres. Mas como eu sofria de enxaqueca havia mais de dez anos, duvidava que de repente descobríssemos que a causa do meu problema era um tumor. Eu estava certa, a tomografia não detectou nenhum tumor.

Obviamente, eu li o laudo do exame antes de levar para a médica. Não havia uma interpretação, mas a palavra "atrofia" chamou a minha atenção. Definhamento. Se alguém tivesse me mostrado aquela tomografia e me dissesse que era do seu cérebro, eu teria automaticamente tirado algumas conclusões científicas; por exemplo, uma forma de demência como Alzheimer. Mas nesse caso meu cérebro estava bloqueado. Ele se recusava a admitir qualquer teoria assustadora, preferindo considerar a tomografia uma possível anomalia – talvez meu cérebro tenha sido sempre encolhido daquele jeito e, de alguma maneira, eu tivesse conseguido sobreviver apesar da deformidade. Talvez eu estivesse com uma infecção reversível que precisava ser tratada. Eu decidi que tudo ficaria bem. Pelo menos aos olhos de todas as pessoas com as quais eu trabalhava, o meu raciocínio e a minha memória ainda estavam bastante aguçados. Ninguém jamais duvidaria disso. Preferi não pensar na dificuldade que estava tendo ultimamente para me lembrar de nomes e encontrar lugares conhecidos.

A médica, porém, não estava tão despreocupada. Eu levei o exame pela manhã, e ela me encaminhou a um neurologista naquela mesma tarde. O neurologista solicitou imediatamente uma ressonância magnética (RM) – um exame de imagem que mostra muito mais detalhes que uma tomografia – e alguns testes psicométricos.

E foi assim que eu acabei sentada no consultório de um neurologista numa bonita manhã de segunda-feira, no dia 22 de maio de 1995. Eu estava ansiosa para descobrir o que estava se passando com meu cérebro. Queria resolver aquele assunto para que pudesse retomar minha vida, que naquela época era tão promissora.

O médico usava uma gravata-borboleta espalhafatosa. Isso me deixou incomodada mais tarde, pois me pareceu totalmente inapropriado diante do que ele me disse depois. De costas para mim, ele analisava as imagens da ressonância magnética.

– Sim, sem dúvida alguma é Alzheimer.

Eu achei que havia escutado mal.

– Vou solicitar mais alguns exames neuropsicológicos, mas tenho certeza do diagnóstico. Essas imagens revelam a existência de muitos danos cerebrais. Você terá de se aposentar imediatamente, não pode exercer um cargo de responsabilidade.

– Mas... – foi tudo o que consegui dizer. Fiz uma pausa. Ele ainda estava de costas para mim. – Tenho só 46 anos – eu disse, hesitante.

– Bem, já diagnostiquei mulheres com apenas trinta e poucos anos, inclusive uma que estava grávida.

Que coisa mais estranha para me dizer. Era quase como se ele estivesse se gabando dos diagnósticos terríveis que havia feito antes de me conhecer, embora suponho que estivesse tentando me dizer que meu caso poderia ser pior. Mas só refleti sobre essa espantosa capacidade de comunicação mais tarde. Naquele momento eu me ative aos fatos relevantes.

– Quanto tempo... eu tenho? – perguntei.

– O Alzheimer de início precoce costuma evoluir muito rapidamente – respondeu ele. Em geral, cinco anos depois do diagnóstico o paciente precisa de auxílio com suas necessidades básicas. Depois, passa dois ou três anos numa casa de repouso até que vem a falecer.

Atordoada, paguei a consulta na recepção e fui para o estacionamento. Sentei dentro do carro e fiquei olhando para fora. O mundo parecia o mesmo, mas era como se tivesse acontecido um terremoto – uma mudança sísmica entre meu passado e meu presente. O futuro era um buraco negro que sugava minhas emoções. E as meninas? Isso significava que eu não veria minhas filhas se formarem, se casarem e terem filhos. Será que eu estaria lá quando elas precisassem de mim nos anos turbulentos da adolescência? Eu tinha acabado de assinar os papéis do financiamento da nossa casa, como iria pagá-lo?

Voltei ao trabalho sentindo-me estranha, mudada de dentro para fora. Eu não era a mesma pessoa de uma hora antes. Eu havia agendado uma reunião àquela tarde. Obviamente, quando marquei a reunião eu não sabia que a consulta com o neurologista mudaria a minha vida. De alguma forma, eu presidi a reunião. Mas não me lembro do que aconteceu no restante do dia. Contei ao meu chefe e à minha secretária o que tinha acontecido. Marquei uma consulta de acompanhamento com minha clínica geral e comecei a pensar em como iria dar essa notícia às minhas filhas. Passei os próximos dias em total descrença, com as emoções paralisadas.

Ainda me lembro de como fiquei arrasada com aquele diagnóstico inicial, dos exames de acompanhamento que fiz durante um ano com um neurologista mais sensível e da minha esperança aflita de que tivesse havido algum engano. E, acima de tudo isso, da sensação de que eu não tinha mais nada a oferecer à sociedade ou às minhas filhas e de que estava desesperadamente sozinha.

Não há cura para a demência, e eu não fui curada. Qualquer médico competente que desse uma rápida olhada em meus exames de imagem veria que meu cérebro não está como deveria estar. Mas o que eu não percebi naquela época é o quanto ainda tinha a oferecer. Eu mostraria ao mundo todo, às pessoas que sofrem de demência, aos seus entes queridos e às pessoas que cuidam delas, que um diagnóstico de demência não é necessariamente sinônimo de uma vida inútil. Você pode ter uma vida rica com demência. Ainda pode se divertir. Pode contribuir para a sociedade. Tem o direito de ser tratada com respeito. E eu consegui recondicionar a parte sadia do meu cérebro para aproveitar ao máximo o que me restava.

Como cheguei a essas conclusões depois que esse terrível diagnóstico tirou o chão sob meus pés é uma história complicada. Acho que, em parte, tem a ver com a forma como fui criada, em parte com os obstáculos que superei durante toda a minha vida e que me provaram que eu era capaz de sobreviver aos tempos difíceis e, em parte, pela imensa sorte de ter o amor de três filhas lindas e de um homem maravilhoso que se tornaria meu marido.

E essa história começa com meus pais.

ANNIE E O DUQUE – E MEU PRIMEIRO DESAFIO MENTAL

A MANEIRA COMO MEUS PAIS SE CONHECERAM, o fato de serem de países diferentes com idiomas diferentes e a promessa que meu pai fez ao meu avô ao se casar com minha mãe, tudo isso afetou o desenvolvimento do meu cérebro infantil. Além disso, as três pessoas que mais tiveram influência na minha vida foram minha mãe, sua irmã Evie e minha avó. Por esse motivo, quero falar um pouco sobre essas mulheres extraordinárias, para explicar como e por que eu me tornei quem sou.

Durante a Segunda Guerra Mundial, minha mãe era responsável pela aquisição de livros da loja de departamentos Innovation, em Antuérpia. Ela recebia adicional de periculosidade, pois a cidade de Antuérpia estava rodeada de minas terrestres – durante quase toda a guerra, a Bélgica foi ocupada pelo exército alemão. Meu avô materno era coronel aposentado do exército belga, mas durante a guerra ele e meu tio Robert, irmão da minha mãe, fizeram parte da Resistência Belga. O trabalho do meu tio era vigiar uma fábrica perto da casa deles. Mais para o final da guerra, quando os aliados estavam prestes a libertar a Bélgica, meu pai, soldado do exército britânico, foi secretamente alocado junto com outros soldados britânicos para um posto nas proximidades da fábrica.

Meu pai foi apelidado de "duque" pelos companheiros, por causa do seu sotaque elegante, embora não fosse um oficial, e porque ele insistia em dormir de pijama todas as noites, mesmo que fosse dentro de uma trincheira no deserto, e não de botas e uniforme como os outros.

Quando tio Robert contou à família sobre a presença do exército britânico, eles devem ter ficado empolgados e, ao mesmo tempo, ansiosos;

talvez não conseguissem acreditar que a guerra estava realmente chegando ao fim. Vovó achava que minha mãe precisava fazer alguma coisa para ajudar os aliados e, então, fez com que ela se oferecesse como voluntária para lavar a roupa dos soldados britânicos. Foi assim que minha mãe começou a lavar os pijamas do meu pai antes mesmo de se conhecerem.

Logo depois da libertação da Bélgica, tio Robert convidou papai para jantar com sua família. Quando ele e mamãe se conheceram, foi a amor à primeira vista – ele se apaixonou por sua beleza, vivacidade e determinação, e ela por sua postura calma, firme e elegante.

Depois de alguns meses de namoro, ele pediu minha mãe em casamento. Dizem que papai dirigiu um caminhão que transportava tanques pela estrada principal entre a Bélgica e a Alemanha, e que passava no final da rua onde mamãe morava, expulsando os alemães do país. O caminhão trazia uma enorme faixa com os dizeres "EU TE AMO ANNIE". Mamãe ficou envergonhadíssima, mas deve ter funcionado, pois o que não lhe faltava eram pretendentes, e foi ele que ela escolheu.

Eu vi uma fotografia dos dois sentados num banco de jardim na casa dos meus avós na Bélgica; mamãe disse que a foto foi tirada logo depois do pedido de casamento. Quando papai voltou para a Inglaterra, eles passaram a se corresponder, e no ano seguinte ele voltou com os pais para o casamento. Na ocasião, papai prometeu aos sogros que ela iria visitá-los todo ano, por mais caro que fosse. E, assim, mamãe mudou-se para a Inglaterra, feliz da vida, para começar uma nova vida ao lado do marido.

No final da vida dela, eu me sentei ao lado do seu leito no hospital e perguntei se ela se sentia mais belga do que inglesa, e ela disse: "Inglesa, Christine. Sem dúvida alguma inglesa." Mas pode não ter sido assim no início.

Para começar, havia meus avós paternos: muito ingleses, muito vitorianos, muito presos às convenções. Mamãe cometeu várias gafes na primeira vez em que ficou hospedada na casa deles em Londres. Para início de conversa, havia as risadinhas vindas do quarto dos meus pais, algo que sei que não era visto com bons olhos. E o dia em que mamãe deu bom dia ao sogro pela manhã quando ele estava saindo do banheiro, o que era considerado o cúmulo da falta de educação – ele fingiu que não a viu nem ouviu, pois achava que um cavalheiro inglês jamais deveria admitir uma ida ao banheiro. Então mamãe tentou desesperadamente se desculpar pondo a mesa para o jantar.

– Tem um lugar a mais, para quem é? – Perguntou minha avó, contando cinco lugares à mesa.

– Para Katherine, respondeu mamãe, referindo-se à empregada. – Na Bélgica, os empregados comiam junto com os membros da família, na mesma mesa, servindo-se das mesmas travessas, algo muito diferente da relação tradicional entre patrões e empregados na Inglaterra.

Em vez de levarem na brincadeira essas diferenças culturais, havia extremo embaraço e crítica de ambos os lados. Eu cresci com a sensação de que, na verdade, mamãe nunca entendeu os ingleses nem eles a entenderam.

Meu avô materno era católico não praticante, como a maioria dos seus compatriotas, mas ele também conheceu sua esposa em outro país, durante outra guerra. (Por muitos anos, achei que teria de esperar a Terceira Guerra Mundial para conhecer um bom homem!) Minha avó, a quem daqui por diante chamarei de "bomma" (avó em flamengo), era da província de Frísia, na Holanda. Seus pais, bastante rigorosos, eram da Igreja Reformada Holandesa. Vovó era a quinta filha (e, segundo dizem, a mais bonita). Ela conheceu meu avô (que eu chamava de "bompa") quando ele estava servindo na Holanda como soldado na Primeira Guerra Mundial. Bomma conservou sua religião quando se mudou para a Bélgica, e bompa respeitava sua fé (ele mesmo raramente ia à missa), embora tenham batizado minha mãe (a filha mais velha) na igreja católica. Porém, um dia bomma percebeu que minha mãe ficava muito assustada com os sermões dos padres católicos, que falavam de "inferno e danação", e decidiu que ela também precisava se unir à Igreja Reformada Holandesa (calvinista). Mais tarde, os irmãos mais novos de minha mãe também passaram a frequentar a igreja calvinista em Antuérpia. O fato de pertencer a essa rígida religião protestante num país maciçamente católico teve um efeito previsível: fez com que minha mãe e minha avó adotassem uma posição claramente anticatólica, posição essa que ambas mantiveram até a morte. Acho que mamãe agrupava na mesma categoria todas as religiões cheias de ritos complexos e apelos sensoriais e, portanto, tinha mais uma desculpa para não ter uma boa opinião sobre os ingleses – e ela também não gostava do anglicanismo.

Nossa primeira casa na Inglaterra foi um apartamento de subsolo alugado, perto de Archway, em Londres. Eu não me lembro dessa casa, mas mamãe me falou sobre ela. Foi antes que a Lei do Ar Limpo reduzisse significativamente a quantidade de carvão queimado em Londres, e mamãe se lembrava principalmente da névoa amarela que entrava pela janela do apartamento. Era uma névoa tão espessa que ela não conseguia ver meu berço do outro lado do cômodo minúsculo. Suponho que tenha sido o Grande Nevoeiro, a forte poluição atmosférica que encobriu a cidade de Londres em 1952 e que se acredita ter causado a morte de quatro mil pessoas.

Depois disso, nós nos mudamos para Rayners Lane, perto de Harrow. Tínhamos uma casa geminada com tijolinhos à vista de estilo vitoriano com *bay window* nos dois pavimentos. A porta de quase todas as casas da rua era de um tom marrom escuro, mas, assim que nos mudamos, minha mãe pintou a nossa porta de um vermelho bem vivo.

Economizando cada centavo, papai cumpriu a promessa que fez aos meus avós e todos os anos, no verão, íamos ao porto de Tilbury para pegar o navio e atravessar o Canal da Mancha até Antuérpia numa viagem noturna. Mamãe e eu passávamos todo o verão lá; papai ficava conosco durante duas semanas, no começo ou no fim das nossas férias.

De modo que durante toda a minha infância eu passava três meses do ano falando flamengo, que é um dialeto holandês, e um pouco de francês, e os outros nove meses falando inglês. Essa dualidade teve um efeito peculiar sobre mim: desde muito pequena, toda vez que eu tinha de cruzar o canal e começar a falar outro idioma, eu ficava doente e literalmente muda de medo, pois havia me esquecido completamente do idioma que não usara recentemente.

Nos primeiros dias na casa dos meus avós, eu não falava uma palavra, pois estava convencida de que não sabia falar a língua deles. Eu ficava calada ao lado da minha mãe, mas mamãe, bomma e bompa só falavam em flamengo comigo, até que eu finalmente percebia que aquela língua ainda estava na minha mente, e, quando me faziam uma pergunta, as palavras saíam naturalmente da minha boca, como um milagre. Logo eu estava conversando alegremente com meus primos e os vizinhos, e era chamada afetuosamente de "Christine da Inglaterra" pelo dono da doceria local.

Eu adorava as férias na Bélgica e tenho muitas lembranças boas desses períodos. Mamãe e eu ficávamos hospedadas na casa dos meus avós. Era uma casinha geminada de três quartos, mas nós todos nos acomodávamos bem. Os três quartos ficavam na parte de cima, um virado para a frente da casa, outro para os fundos e um pequeninho no meio. O quarto da frente tinha uma cama de casal retrátil de parede e, durante o dia, se transformava num escritório para tia Evie. Eu dormia nessa cama com minha tia. Mamãe dormia com bomma no quarto de trás e bompa dormia no quarto de solteiro. Quando meu pai vinha nos visitar, ele dormia numa caminha na sala, que durante o dia era decorada com almofadas para parecer um sofá. Nessa época meu tio estava casado e tinha seu próprio domicílio.

Eu me lembro que a residência dos meus avós era acolhedora e alegre. Meu avô era muito divertido, extremamente generoso e bondoso. Ele fazia um monte de brinquedos de madeira; meu favorito era uma loja do tamanho de uma casa de boneca chamada Loja da Eveline (*Inden Appel bij Eveline*, em flamengo) que ele havia feito para tia Evie quando ela era criança. Ele pintou tijolinhos na parte externa, fez uma vitrine e uma porta que abria e fechava e pintou cartazes em francês e flamengo. Dentro havia prateleiras móveis, um balcão e caixas de chá em miniatura. Ele fez até mesmo uma balança com pequeninos pesos. Quando minha tia morreu, muitos anos depois, eu não resisti e enviei a lojinha de brinquedo para a Austrália, para meus próprios netos brincarem. Uma vez, bompa soltou "acidentalmente" o ganso que bomma estava engordando para o natal, que "bateu asas e voou". Mas ninguém conseguiu ficar bravo com ele por muito tempo.

Mas era uma família insular e autossuficiente. Nós nos divertíamos entre nós mesmos, fazíamos companhia e ajudávamos uns aos outros. Os primos da minha mãe e seus filhos moravam ao lado; portanto, eu tinha muitos amiguinhos para brincar. Acho que essa sensação de independência do resto do mundo é boa quando se tem uma família grande. Mas quando você se muda para outro país e só tem você, seu marido e sua filha, como foi o caso da minha mãe ao se mudar para a Inglaterra, um padrão que se perpetuou na nossa família, provavelmente não é saudável. Embora em nosso bairro em Londres tivessem crianças para eu brincar durante a infância, na minha adolescência, assim como minha mãe, eu tinha poucas amigas. Fico pensando se minha dificuldade em fazer amizades e estabelecer relacionamentos sinceros e saudáveis mais tarde não tem a ver com esse estilo de vida isolado – como se meu cérebro não estivesse apto a fazer amigos –, pois essa deficiência teria um grande impacto na minha vida adulta.

Todo ano, quando chegava a hora de voltar para a Inglaterra no final do verão eu ficava doente de medo e preocupação. Como eu poderia voltar para aquele país se não conseguia mais falar em inglês?

A pior transição foi quando eu tinha quase cinco anos. Desde pequenininha eu costumava fingir que estava doente quando estávamos prestes a deixar a Bélgica, na esperança de amolecer o coração do meu avô e forçá-lo a me deixar ficar. Mas quando eu tinha quatro anos não precisei fingir. Tive pneumonia e estava muito doente para fazer a travessia noturna de volta à Inglaterra. Mamãe tinha de ir, pois precisava cuidar do papai, e eu fiquei felicíssima por poder ficar com meus parentes belgas. Então ela foi para casa sem mim, e eu fiquei de agosto até o Natal, quando mamãe voltou para me pegar. Durante esse tempo, depois que comecei a me sentir melhor, eu frequentei um jardim de infância com meu primo de segundo grau. De mãos dadas com meu avô, percorríamos várias ruas forradas de folhas, cruzávamos campos com galinhas gordas cacarejantes e vacas de olhos grandes e tetas infladas. Parecia que caminhávamos quilômetros com nossas perninhas até o prédio escuro da escola, onde freiras simpáticas – que com seus hábitos preto e branco, e grandes toucas, pareciam pinguins – nos ensinavam o alfabeto. Eu, em pouco tempo, graças à irmã Bernadette, estava recitando o abecedário em flamengo em alto e bom som junto com o restante da classe.

Após o Natal, de volta à Inglaterra, fiquei paralisada no pátio da minha nova escola, agarrada à mão da minha mãe. Eu apertei ainda mais a mão dela quando o sino tocou, falando baixinho com ela em flamengo, implorando para ela não me deixar. Mais uma vez eu não conseguia falar nem entender inglês, nem mesmo as palavras amorosas do meu pai. Era como se houvesse um interruptor inacessível no meu cérebro que passava de uma língua para outra, de modo que eu não conseguia manter as duas ativas simultaneamente.

Mais tarde naquela manhã, na sala de aula, a professora falou alguma coisa para cada um de nós, uma a uma. De repente ela olhou para mim e percebi que talvez ela tivesse pedido para eu ficar em pé. Então eu me levantei, ergui os ombros e disse em flamengo: "Desculpe, não consigo entender." Naquele dia, na hora do almoço, eu fiquei em pé no pátio, isolada, cercada por um grupo de crianças que dançavam, cantavam e caçoavam de mim. Eu não entendia o que elas estavam dizendo, mas parecia horrível.

Com o tempo, assim como no caso do flamengo na Bélgica, o inglês voltou à minha mente. À medida que eu ficava mais velha esse fenômeno de apenas compreender a língua do país em que eu estava foi ficando para trás, e eu conseguia passar de uma língua para outra com facilidade. Mais tarde eu adicionei o francês ao meu repertório. Hoje eu reflito sobre essa peculiaridade. Acredita-se que o fato de saber uma segunda língua tenha um efeito protetor contra a demência, retardando o seu aparecimento. Será que retardou a evolução da minha doença? Será que os desafios que eu enfrentava ao tentar me lembrar da língua esquecida me tornou resiliente ou, de alguma maneira, mais determinada?

Minha mãe era extremamente inteligente e competitiva. Mas, infelizmente, ela nasceu um pouco cedo demais para que a universidade fosse uma opção viável para ela na juventude. Certamente meus avós não consideraram essa possibilidade, pois achavam muito mais importante que seu irmão mais novo fosse para a universidade. Quando terminou o ensino fundamental, em vez de ir para o ensino médio mamãe frequentou uma escola feminina, onde aprendeu a costurar e cozinhar. Ela sempre se oferecia para ler livros para as colegas enquanto elas trabalhavam, portanto, não acho que naquela época ela estava tão interessada em aprender a costurar e cozinhar, embora tenha sido uma excelente costureira e, mais tarde, tenha tomado gosto pela cozinha. Depois de alguns anos, que ela sempre disse que foram muito chatos, ela arrumou um emprego para que pudesse ajudar os pais a pagar a faculdade do irmão, que fazia engenharia.

Mamãe nunca expressou de forma explícita a sua tristeza por renunciar à universidade para dar oportunidade ao seu irmão, mas percebi isso pela maneira como ela me contou essa história mais tarde. E o fato de saber o quanto ela era inteligente – e que tanto seu irmão, apenas dois anos mais novo, e depois sua irmã, que era quatorze anos mais nova, fizeram faculdade – me faz pensar que foi realmente uma pena que ela não tivesse as mesmas oportunidades de se destacar. Pois seus irmãos realmente se destacaram – meu tio se tornou engenheiro-chefe da empresa ferroviária belga e tia Evie tornou-se uma arquiteta de sucesso, que participou da criação de projetos imensos, como o complexo de edifícios Canary Wharf, em Londres. Mas mamãe se saiu muito bem no seu trabalho na loja de departamentos. Ela era a principal compradora de livros, a gerente de um grupo de mulheres muito mais velhas que ela, e adorava esse trabalho, pois era uma leitora voraz. Quando conheceu meu pai e se mudou para a Inglaterra, ela trabalhou como intérprete de francês para um grande banco de Londres, e falava desse período com a voz cheia de orgulho e felicidade. Mas, em 1948, quando ficou grávida de mim (eu nasci em janeiro do ano seguinte), ela largou o emprego para se tornar mãe e esposa, como se esperava de uma mulher naquela época.

Assim como eu esquecia o flamengo na Inglaterra e o inglês na Bélgica, minha mãe tinha uma personalidade em cada país, que ela parecia deixar para trás toda vez que cruzava o Canal da Mancha. Na Bélgica, com sua família, era expansiva, cheia de vida e sempre pronta para dar um abraço, fazer um afago. Quando estava com a mãe e a irmã, era um pouco crítica – as três desdenhavam as pessoas que não tinham o mesmo interesse que elas pela vida, pela arte e pela cultura (às vezes eu me pergunto se mamãe não enquadrava a maioria dos ingleses nessa categoria). Mas elas eram sempre engraçadas e amantes da diversão. Sempre jogávamos palavras-cruzadas (em flamengo) e nos tornamos extremamente competitivas. Os homens nunca se atreveram a jogar conosco.

Mas em Londres minha mãe só tinha duas amigas, ambas belgas. Uma delas, Mariette, trabalhava numa loja de departamento e levava retalhos de tecidos para mamãe, que os usava para fazer roupas para mim. Mamãe era uma ótima costureira, e ela e minha avó me ensinaram a costurar. Ainda tenho a antiga máquina de costura Phoenix da minha avó. Lembro-me de bomma me ensinando a usá-la, inclinada sobre mim, nervosa, observando enquanto eu costurava cuidadosamente o delicado tecido para fazer meu primeiro traje de festa, um vestido de cetim branco estilo Diretório, para o meu primeiro baile universitário.

Minha mãe tinha uma personalidade forte, o que era muito comum naquela época, principalmente na Inglaterra. O melhor exemplo que consigo me lembrar é de uma noite, após o jantar, quando papai foi ouvir música clássica na sala de estar, esquecendo-se de enxugar a louça. Mas ele logo se lembrou ao ouvir o som dos pratos estilhaçando no chão, que ela atirava furiosamente, um a um, depois de lavados. Sem dizer uma só palavra, ele foi para a cozinha com uma pá e uma vassoura. Depois desse episódio ele nunca mais se esqueceu de enxugar a louça.

Mamãe cozinhava muito bem, ela adorava comer e todas as noites nós tínhamos o que, naquele tempo, pareciam ser refeições europeias "exóticas" – tudo o que ela conseguia preparar com seu orçamento para mantimentos, sendo que as massas tinham um lugar de destaque. E, obviamente, sempre tinha sobremesa. Ela logo aprendeu a assar o bolo da rainha Vitória, que fazia toda semana. Além disso, ela preparava como ninguém o "tronco de chocolate" tradicional do natal belga. Mamãe era gordinha – eu pensava nela como "abraçável". Sei que bomma não aprovava seu peso. Embora não gostasse de pessoas muito magras (para bomma, a mulher ideal era forte e robusta – valiosa numa fazenda), sua visão calvinista de "moderação" não combinava com o amor da minha mãe pela comida nem com sua tendência para engordar. Eu me lembro que certa noite, ao ver que minha mãe queria comer outro chocolate, ela disse: "Anne, o segundo chocolate vai ter o mesmo gosto do primeiro."

Mamãe criticava um pouco o que ela considerava falta de estilo dos ingleses. O seu gosto para se vestir era o de uma estrangeira. Ela usava sempre uma echarpe de cores fortes, elegantemente jogada sobre o casaco de lã bege. Ela era muito diferente das outras mães da nossa rua, mas isso nunca me incomodou – eu achava que ela parecia uma flor exótica plantada numa cerca viva inglesa. Da mesma forma – já mencionei que a porta de entrada tinha sido pintada de vermelho vivo –, ela também trocou o tom marrom escuro da parte interna da casa por cor de gelo e colocou luminárias e tapetes bem coloridos. Era uma casa clara, moderna e alegre – muito diferente das casas escuras e sombrias do bairro. E uma característica definidora era a placa de bronze com a inscrição "*Kennis Is Macht*": Conhecimento é Poder. Essa placa era muito importante para os meus pais, eles a compraram na lua de mel. Sempre penso em meus pais quando olho para ela, que hoje está pendurada na minha sala de estar.

À PROVA DO FUTURO

Embora meus pais não tivessem dinheiro para pagar aulas de reforço, aulas de música, balé ou clubes esportivos, fui criada num ambiente rico, estimulante e criativo em que tinha liberdade para brincar e também era encorajada a raciocinar e a competir.

Acredito que minha mãe estava determinada a não deixar que o fato de ser mulher não me impedisse de desenvolver meu potencial intelectual, provavelmente por causa da sua própria falta de oportunidade. Quando eu era pequena, nem todas as casas tinham televisão, e tenho certeza de que isso influenciou a maneira como fui criada. As pessoas mais novas do que eu provavelmente estão cansadas de ouvir isso, mas é verdade: nas décadas de 1950 e 1960 nós criávamos nossas próprias diversões. Minha mãe e eu gostávamos de jogos. Jogávamos Jogo da Memória com dois baralhos (um grande desafio) e um jogo chamado Cidade, País, Mar, Rio, em que tínhamos de escrever em cinco minutos o maior número possível de nome de cidades, países, mares e rios que começassem com determinada letra. Às vezes mamãe improvisava outro jogo da memória: ela colocava alguns objetos sobre uma bandeja e me deixava olhar para ela por trinta segundos; em seguida, cobria a bandeja com um pano e me desafiava a lembrar e a tomar nota de todos os objetos que estavam sobre ela.

Outra brincadeira que fazíamos era o "Jogo do Rabisco". Mamãe rabiscava aleatoriamente uma folha de papel e me desafiava a usar a minha imaginação para transformar aqueles rabiscos numa figura. E eu tentava pacientemente transformá-los num elefante ou numa girafa. Em seguida, eu fazia o mesmo com mamãe e observava admirada ela criar uma linda figura. Tenho certeza de que isso ajudou meu cérebro a se tornar criativo e imaginativo.

Toda sexta-feira eu ia à Biblioteca Rayners Lane. Como eu gostava das sextas-feiras! Havia uma seção infantil, mas que eu frequentei brevemente. Em pouco tempo, mamãe estava me recomendando livros de adulto, e devorei Pearl S. Buck, Nevil Shute e Henry Rider Haggard. Eu adorava livros de aventura. Lembro-me da atmosfera da biblioteca, do ambiente silencioso enquanto mamãe e eu procurávamos livros (ela sempre lia em inglês, mas também não tinha muita escolha). O que mais me recordo é de como eu me sentia ao ir à biblioteca, do meu entusiasmo, da minha sede de novas histórias. Eu fazia o possível para a leitura durar a semana toda, pois não tinha nada pior do que terminar um livro rápido demais e ter de esperar até a sexta-feira seguinte para pegar outro. Era como sentir fome – uma sensação muito desagradável. Mas acordar na sexta-feira e saber que era dia de biblioteca, essa, sim, era uma sensação maravilhosa.

Um dia mamãe pegou um livro de testes de QI. Nós duas fazíamos os testes quase toda noite, por diversão, dando o melhor de nós e desafiando uma à outra. Era um barato.

Mesmo com toda essa estimulação intelectual, nunca fui uma aluna particularmente brilhante no ensino fundamental. Em casa eu era desafiada e pressionada, e meu cérebro estava faminto por histórias e novas ideias, mas na escola eu era uma aluna mediana e, de modo geral, ignorada. Pensando bem, isso é intrigante, sobretudo levando-se em conta minhas realizações acadêmicas futuras. Só posso atribuir isso ao medo que eu sentia, a cada ano letivo, de falar inglês e, talvez, de ser menosprezada pelos professores por ser muito tímida e retraída na escola.

Mas em casa era diferente. Eu brincava com um monte de crianças da minha rua. Junto com dois amiguinhos, fiz um carrinho de rolimã e acabei levando o maior tombo. Eu me lembro de que corri para casa com as duas pernas esfoladas e segurando o braço inchado e bastante dolorido, que, no fim das contas, estava quebrado. Minha mãe teve de abrir a manga do casaco novo que ela tinha tricotado para mim, para acomodar o gesso.

Assim como as outras crianças da década de 1950 em todo o mundo, eu tinha um chapéu imitando pele de guaxinim igual ao do herói Davy Crockett da televisão (na verdade, uma velha estola de pele de coelho da minha mãe) e uma machadinha de borracha, e brincava de caubói e índio por horas a fio. Havia duas outras meninas pequenas na minha rua, e nós brincávamos de faz de conta, vestíamos as roupas das nossas mães e fazíamos cabaninhas no quintal com lençóis e pedaços de madeira. Na Bélgica eu brincava com meus primos de primeiro e segundo graus. Uma vez eu saí de fininho com a bicicleta da minha avó (uma bicicleta holandesa enorme com bolsas de selim e de guidão), e meus primos "pegaram emprestada" a bicicleta dos pais. Ficamos fora o dia todo, sem dizer a ninguém onde estávamos. Nós nos perdemos e só conseguimos voltar quando estava anoitecendo, aterrorizando nossos pais e avós, além de termos ficado mortos de medo.

No ano em que completei oito anos houve três importantes mudanças na minha vida: ganhei um novo gato chamado Açúcar; compramos um carro e eu ganhei uma irmãzinha, Denise. Eu não me lembro muito da Denny quando ela era bebê, mas me lembro perfeitamente de que minha rígida avó inglesa tomou conta de mim durante um mês antes de ela nascer, porque mamãe estava muito doente com toxemia.

Eu não senti um vínculo muito forte com minha irmãzinha logo que ela nasceu. Eu estava acostumada a ter meus pais só para mim (principalmente minha mãe). Não me lembro de ter ficado ressentida com o bebê, mas provavelmente não fiquei feliz da vida por dividir meus pais com um neném que requeria atenção o tempo todo. Além disso, eu tinha de fazer explorações, ler e brincar, e não me interessava muito por bebês. Mas quando Denny tinha dois ou três anos nós ficamos muito mais próximas, pois eu podia compartilhar com ela o meu amor pelos livros. Era eu que a colocava na cama e lia muitas histórias para ela, criando uma voz para cada personagem.

Mas histórias e livros não eram minhas únicas paixões quando criança. Mesmo sem uma compreensão formal do que era a "ciência", eu era extremamente curiosa. Algo que para mim não passava de curiosidade, mas que teria deixado minha mãe horrorizada se soubesse (provavelmente teria deixado qualquer um horrorizado), foram meus primeiros experimentos de dissecação. Meu gato levava pequenos presentes para a família quase todas as manhãs – em geral, um rato morto deixado no capacho da porta dos fundos. Um dia eu botei na cabeça que seria legal ver como o rato era por dentro. Então, peguei emprestada a faca de cozinha mais afiada da minha mãe, levei o roedor morto para o quintal e o abri para ver seus órgãos internos. Eu nem consigo me lembrar do que vi e, pensando bem, fico feliz que ninguém tenha descoberto essa experiência

– eles teriam achado que eu era uma pequena psicopata. Mas lembro-me muito bem de que fiquei maravilhada e eletrizada ao olhar as entranhas de um animal que já tinha sido vivo.

Provavelmente essa minha curiosidade científica se devia em grande parte ao meu avô paterno, que era um pouco polímata. Ele era gerente de banco na cidade, mas nas horas vagas pintava lindas aquarelas (ainda tenho algumas) e tocava violino. Ele também tinha um telescópio e um microscópio. Como eu disse antes, meus avós paternos eram bastante austeros e formais, e não tinham muito jeito com crianças. Mas meu avô devia ter um fraco por mim, à sua própria maneira. Ele me deixava ficar observando enquanto pintava, contanto que eu ficasse calada na soleira da porta (ele achava que as crianças deviam ser vistas, e não ouvidas). Além disso, ele me deixava apontar seus lápis com o apontador mecânico e olhar através do seu microscópio e telescópio (depois de me ver lavar as mãos). Lembro que ele falava comigo sobre os planetas e as estrelas que podíamos ver e me mostrava lâminas de asas de abelha e borboleta cuidadosamente preparadas. Ele morreu quando eu tinha onze anos, e eu herdei seu microscópio e suas lâminas, que ainda guardo com muito carinho.

Outra coisa importante que aconteceu na minha vida quando eu tinha onze anos foi o famoso exame britânico chamado "Eleven Plus", uma prova padronizada aplicada a todas as crianças no fim do ensino fundamental (aos onze anos de idade, daí o nome). Era como um exame de seleção – se você se saísse bem era enviada para uma *grammar school*, uma escola mais acadêmica, onde seria preparada para a universidade. Se você se saísse mal era enviada para uma escola mais abrangente, onde, talvez, aprendesse um ofício. Parece cruel decidir toda a carreira futura das crianças com base num único exame, mas naquela época era assim.

Esse foi um grande momento da minha vida, e tenho uma memória vívida do exame.

O salão da escola, onde fizemos o teste, estava absolutamente silencioso, repleto de crianças de onze anos de idade ansiosas e ofegantes. Eu podia ouvir as passadas firmes da nossa professora, a senhorita Outhwaite, com seu sapato forte e baixo, no assoalho de madeira gasto e desbotado. Como sempre, ela usava um *tailleur* cinza com a saia até a metade da canela, como a Miss Marple dos romances de Agatha Christie. Eu nunca a tinha visto com outro tipo de roupa, e isso me tranquilizou.

A professora caminhou calmamente entre as fileiras de carteiras, colocando uma folha de prova virada para baixo na frente de cada um de nós. Os minutos se passavam, até que ela nos disse para começar. Senti um frio no estômago ao desvirar a folha, mas logo tive de me conter para não dar um grande sorriso. A prova era fácil! Algumas questões de inglês, para as quais eu estava preparada por nossas visitas rotineiras à biblioteca, e um pouco de aritmética, uma matéria que eu gostava. E imagine a minha felicidade quando cheguei aos quebra-cabeças lógicos – iguais aos do livro de testes de QI que fiz com mamãe em casa, por divertimento. Mandei bala na prova, curtindo cada minuto. Minha mãe tinha me preparado muito bem, além de incutir no recôndito do meu cérebro a capacidade de "enxergar" padrões em letras, números e diagramas.

Quanto ao exame, eu não apenas fui aceita na *grammar school* local, como também fui colocada na classe mais adiantada.

Como havia dito, eu era uma criança curiosa e aventureira. Tive a sorte de ser criada num ambiente intelectualmente rico e estimulante e acredito sinceramente que isso ajudou a moldar o meu cérebro jovem, fazendo com que eu tivesse uma mente inquisitiva e ávida por conhecimentos. Quando entrei no ensino médio tinha uma memória excepcional. Talvez até mesmo fotográfica. Nas provas, eu sempre conseguia me lembrar da resposta, além de visualizar mentalmente a página, o número da página e o local da página onde estava a resposta. Será que eu nasci com essa memória? Ou será que minha mãe ajudou a formá-la com seus jogos e desafios? É impossível dizer. Provavelmente um pouco de cada.

Obviamente, outra pergunta importante é: Será que a minha infância intelectualmente estimulante me preparou para o futuro, deixando-me resistente a um declínio rápido após o aparecimento da demência? Será que tenho de agradecer à minha mãe pelo que meu médico chamou de declínio "glacialmente lento" que me permitiu continuar criando novas conexões no meu cérebro à medida que ele se tornava desconectado e a continuar a falar, amar, curtir a vida, ler e escrever? Ou seja, eu tive vinte anos ricos e gratificantes desde meu diagnóstico, em vez dos dois ou três anos relativamente bons que os médicos esperavam.

Como cientista, minha resposta franca a essas perguntas é afirmar que é impossível chegar a essa conclusão com base num único caso e com todos os fatores confundidores envolvidos. Mas, certamente, acho que vale a pena refletir sobre isso e possivelmente até mesmo fazer algumas pesquisas.

O que posso dizer é que, atualmente, existem muitas evidências sobre um conceito chamado "reserva cognitiva". Trata-se da capacidade cerebral que temos em reserva, à qual podemos recorrer quando o nosso cérebro começa a desaparecer em decorrência da demência. Sabe-se agora que um dos principais fatores de risco para a demência em todo o mundo é um baixo nível de instrução. Acho que devemos levar muito a sério esse fator ao criar nossos filhos. Temos de deixá-los o máximo possível resistentes à demência, mantendo seus neurônios ativos e conectados.

Fui a uma palestra sobre as possíveis bases moleculares dessa teoria de tornar nossos filhos "à prova do futuro". Se uma célula nervosa (neurônio) no cérebro não for estimulada pelas células que estão disparando à sua volta, ela se autodestruirá. Por esse motivo, é importante observar a máxima "use-o ou perca-o"; pode ser difícil, mas vale a pena.

Minha intuição é que é por isso que minha mãe, sem saber, estava desenvolvendo o meu cérebro desde a mais tenra idade – ela estava criando uma reserva cognitiva, à qual estou recorrendo agora, mais de sessenta anos depois. Foi a minha infância que assentou as bases para uma vida em que seria capaz de seguir em frente apesar do grande dano cerebral. Mesmo com o desaparecimento de minhas células nervosas com o tempo, as remanescentes continuam a disparar, para ter certeza de que aquelas que estão à sua volta continuem disparando e permanecendo vivas pelo maior tempo possível.

Como não existe cura para a demência e não tem como retardar ou deter o dano cerebral que a doença causa, o melhor a fazer é tentar evitar o surgimento dos sintomas de todas as formas que pudermos. É isso que chamo de "à prova do futuro". Agora posso ajudar a fazer com que a próxima geração seja mais resistente – até mesmo meus netos. Talvez por intermédio deste livro, seguindo o lema dos meus pais: Conhecimento é poder.

UMA ESTRANHA NO NINHO

A EXCLUSIVA ESCOLA PÚBLICA, não denominacional, na qual cursei o ensino médio se chamava Heriots Wood Grammar School for Girls. Ficava numa área de abrigos sociais, mas era conduzida nos mesmos moldes de uma escola feminina particular próxima. A diretora (outra mulher claramente competitiva que me influenciou) queria que obtivéssemos as mesmas notas das alunas da escola particular, e estabeleceu elevados padrões acadêmicos para as estudantes.

Todas nós nos esforçávamos ao máximo e tínhamos muitas oportunidades. O ensino médio tinha a duração de seis anos, e durante quatro anos estudamos as matérias tradicionais: latim, francês, inglês, física, química, biologia, arte, história, geografia e matemática. Nessa época, a matemática moderna foi incluída no currículo e o grupo mais adiantado, ao qual eu pertencia, terminou a matemática tradicional e foi direto para o novo programa. Eu adorei a matemática moderna, e me distingui nessa matéria. Aprendemos teoria dos conjuntos, diagramas de Venn, matrizes. Era muito mais interessante e desafiador que o programa antigo.

Nos últimos dois anos do ensino médio, tivemos de escolher três matérias. Eu me saí bem em quase todos os exames de conclusão, chamados de "O Levels", inclusive de francês e arte. Fui tão bem que meus pais almejaram que eu fosse para a Sorbonne. Mas como eu também tinha ido muito bem em ciências, podia escolher o que fazer (exceto latim, que, na verdade, nunca gostei). Eu estava atraída pelo desafio de cursar ciências (as outras matérias pareciam fáceis demais) e queria saber como o mundo funcionava, por isso escolhi biologia, química e física, e ainda dei um jeito de incluir mais um ano de matemática.

Foi nessa altura da minha vida que eu realmente me dediquei aos estudos. Apesar de parecer estranho, até esse ponto eu não tinha ideia que havia algo chamado revisão da matéria. Eu pressupunha que as outras alunas simplesmente prestavam atenção na aula, liam o texto e usavam sua sagacidade natural para passar nos exames, como eu fazia. Eu não sabia que todas, depois, revisavam a matéria em casa também. Quando descobri esse artifício para passar nos exames, não parei mais. Eu adorava. Com minha inclinação natural para ser organizada, reservei algum tempo na minha agenda para estudar, memorizando o que precisava ser lembrado e repassando todos os tópicos, um por vez. Dessa maneira, no exame seguinte, eu não só me saí bem como também sobressaí.

Meu primo em segundo grau, Thymen de Boer, era professor de química orgânica na universidade de Amsterdã. Eu gostava de conversar com ele sobre ciências, e foi ele quem me deu um exemplar de *Química Orgânica* de Fieser e Fieser, um livro didático bastante difícil, mas que eu conservava com carinho e que li e reli por puro prazer.

Minha professora preferida era, de longe, Gerda Stiles, que ensinava química. Antes de se tornar professora ela havia trabalhado como química industrial. Ela foi uma grande inspiração para mim, numa época em que pouquíssimas mulheres optavam por seguir uma carreira, muito menos na área de ciências. A senhora Stiles era uma mulher bastante atraente, na faixa dos 45/50 anos. Tinha pele morena, cabelos e olhos castanhos, compleição robusta (minha avó a teria descrito, em tom de aprovação, como "forte") e uma presença marcante. Era uma pessoa séria que raramente ria, e eu a via como uma mulher universal.

Não admira que, com minha paixão inusitada por sua matéria e minha grande aptidão, em pouco tempo eu tenha me tornado sua aluna predileta. Ela era casada e tinha filhos, e costumava me chamar para tomar conta das crianças quando saía com o marido. As crianças iam para a cama cedo, e eu ficava acordada estudando, comendo bolachas de chocolate que ela deixava especialmente para mim e bebendo chá. A senhora Stiles despertou a minha paixão pela ciência, e sempre serei grata por sua influência inicial. Um dia, porém, sem querer, ela influenciou outra via neural no meu cérebro, uma via neural desagradável.

Eu havia acabado de chegar à casa dela para tomar conta das crianças. Estava usando minha calça marrom nova, bem justinha, com um cinto de couro largo, a última moda da década de 1960. Ela me olhou de cima a baixo, disse a que horas chegariam em casa e onde eu podia encontrar bolachas. Em seguida, quando, por alguma razão, eu me virei de costas, ela acrescentou: "Você fica muito bunduda com essa calça, Christine. Não acho que fique bem em você."

Sabe-se lá por que, mas esse comentário displicente teve um enorme efeito sobre mim. Não levei na brincadeira nem respondi, apenas fiz que sim. Quando cheguei em casa, mais tarde, guardei a calça no fundo do guarda-roupa e nunca mais a usei. Lembro-me tão bem daquele momento e com tanta emoção que tenho certeza de que contribuiu decisivamente para a anorexia que desenvolvi anos depois. Não que eu esteja culpando a senhora Stiles, não sou boba a ponto de pensar que um comentário possa desencadear uma doença tão séria e complexa. Mas acredito que a crítica, feita por uma mulher que eu idolatrava, teve, sim, alguma influência. Foi como se alguém tivesse jogado displicentemente um cigarro aceso numa floresta seca, quente e assolada pelo vento. Ele provocou um incêndio que levou anos para ser debelado.

Foi durante o ensino médio que comecei a ficar socialmente retraída. Não foi intencional, mas sim consequência de uma combinação de fatores. Em primeiro lugar, minhas melhores amigas do ensino fundamental tinham ido para outra escola, e acabei me separando de um grupo que estava junto há seis anos. Depois havia a atitude das adolescentes, que eu simplesmente não conseguia entender. Para começar, fiz amizade com uma menina que morava perto da minha casa. Como morávamos cerca de 20 quilômetros da escola e tínhamos de pegar dois ônibus para ir à aula, e erámos as únicas que perfazíamos aquele longo percurso, era natural que fizéssemos amizade. Mas de repente (ou pelo menos foi o que me pareceu), no primeiro ano, minha amiga fez amizade com outra garota e elas simplesmente me excluíram. Fiquei perplexa, sem saber por que não podia me sentar com elas, almoçar com elas, conversar com elas – fui colocada de lado. Quando passavam por mim no corredor, elas viravam o rosto e fingiam que eu não existia. Tenho certeza de que essa é uma experiência comum no ensino médio – essas escolas podem ser locais bastante cruéis. Depois disso, nunca mais criei laços estreitos, a não ser com solitárias como eu. Estávamos deslocadas e só nos juntávamos porque tínhamos sido rejeitadas pelo principal grupo de meninas. Mas pelo menos todas as garotas da minha classe eram muito inteligentes e ambiciosas, portanto, era bom ter isso em comum com elas, e eu não me destacava como "crânio".

Nossa escola tinha um ginásio novinho em folha com piso de madeira flutuante, e eu fazia ginástica lá na hora do almoço, o que se tornou uma paixão. Nunca refleti sobre a minha solidão e era grata por estar numa escola tão boa. Por isso nunca me ocorreu ficar ressentida por ter sido separada das minhas melhores amigas do fundamental.

Acho que foi na adolescência que comecei a me sentir uma estranha em todos os contextos sociais, exceto com minha família. Não sei por quê. Talvez por ter vindo de uma família tão autossuficiente ou, então, o preço do dom da minha inteligência fosse não saber o significado de boas amizades e relacionamentos saudáveis; mas seja como for, durou muito tempo. Só depois que entrei para a organização nacional de ciência da Austrália (CSIRO), com trinta e poucos anos, é que realmente me senti como se estivesse em casa. E, em seguida, quando comecei a frequentar a igreja local, descobri a receptividade de uma comunidade religiosa. Mas demorou muito para que eu entendesse o que é uma boa amizade e um relacionamento feliz.

Mas enquanto na esfera social eu ia de mal a pior, no âmbito escolar eu ia de vento em popa. Como era de esperar, fui muitíssimo bem nos exames finais e pude escolher a universidade que queria cursar (exceto Oxford ou Cambridge, para as quais havia outro ano rigoroso de estudo para ser aceita, a menos que você frequentasse uma *Greater Public School* – que no Reino Único significa escola "particular". Além disso, era preciso estudar latim, matéria pela qual eu não tinha o menor interesse).

Depois de conversar com meus professores e com meu primo em segundo grau, o professor de Amsterdã, optei pela Universidade de Leicester. Esta universidade tinha acabado de contratar um famoso professor de bioquímica e, consequentemente, tinha se tornado bastante procurada por aqueles que queriam seguir essa carreira. Decidi me especializar em bioquímica e genética molecular.

O primeiro ano da faculdade foi moleza, até eu fiquei surpresa ao ver como foi fácil figurar entre as primeiras da classe no quadro de notas. Eu amava teoria, mas achava as aulas práticas e as experiências de laboratório um pouco chatas e trabalhosas. Eu queria respostas imediatas. Como tínhamos de fazer muitas experiências ao longo do ano, eu lia o livro antecipadamente e fazia várias ao mesmo tempo, em vez de uma por vez, para agilizar as coisas. Era assim que o meu cérebro funcionava naquela época – sempre pensando em paralelo, ao passo que, agora, ele está restrito a um pensamento linear sobre um único tópico.

No segundo ano, um dos meus colegas (havia apenas uma ou outra mulher no curso de bioquímica) me pediu para não estudar tanto para não ficar tão à frente dos outros alunos. "Fique longe da biblioteca, Christine. Não é justo com o resto da classe", disse ele.

Perguntaram-me por que concordei com um pedido tão ridículo desses, mas não sei responder. Em parte, acho que me convinha não estudar tanto. Como eu tinha ido muito bem no primeiro ano sem me esforçar demais, pensei que talvez pudesse relaxar um pouco e curtir a vida naquele ano. Além disso, eu não tinha a autoconfiança que adquiri quando fiquei mais velha, provavelmente por causa do machismo que prevalecia naquele tempo. Por exemplo, quando terminei a faculdade, no meu primeiro emprego como pesquisadora eu ganhava o equivalente a 75% do salário dos meus colegas homens, que faziam o mesmo trabalho que eu, simplesmente por ser mulher. A praxe era pagar às mulheres três quartos do salário normal. Então, talvez parte de mim pensasse que fazia sentido um rapaz pedir a uma mulher para afrouxar os estudos para lhe dar uma chance.

Portanto, no segundo ano meus resultados não foram tão impressionantes, embora ainda me saísse excepcionalmente bem. Mas minha saúde mental estava em declínio. Eu andava muito melancólica naquela época. Estava morando longe de casa pela primeira vez, sem o carinho da minha família, e não estava fazendo nenhuma amizade realmente sólida. Além disso, eu me sentia sem rumo, mais "estranha no ninho" do que tinha sido no ensino médio. Namorei um rapaz durante algum tempo, mas ele terminou comigo e isso me deixou muito abalada. Eu achava que era incapaz de inspirar amor, que não tinha nenhum mérito. Fui para a cama e fiquei sem sair de casa durante semanas, de camisola. Comecei a fazer regime, mas é difícil me lembrar exatamente por quê. Eu não estava gorda, mas achava que estava. O mundo parecia triste, sem perspectiva, e cada vez que eu me olhava no espelho via gordura no meu corpo, então comecei a diminuir cada vez mais a ingestão de alimentos, e fiquei muito magra. Eu fazia regime mesmo quando tudo estava dando errado – isso era algo que eu sempre conseguia fazer, mesmo quando estava cansada demais para estudar, bater papo com os amigos ou sorrir para as pessoas.

Não consigo me lembrar exatamente quando aconteceu, mas fui parar no centro médico da faculdade, que era como um hospital universitário. Só sei que me sentia muito triste e solitária. Lembro que fiz uma prova enquanto estava no centro médico e que não estava nem aí com o resultado, tanto que, em vez de responder uma pergunta, eu citei a página do livro que continha a resposta.

Não contei aos meus pais que estava doente, eles não teriam entendido. Além disso, eu era muito independente e acho que estava um pouco envergonhada de mim mesma. Sempre que visitava minha mãe ela queria saber por qual motivo eu estava tão magra, criticava meu peso e me acusava de não cuidar de mim mesma. Comecei a me sentir muito distanciada dela.

No terceiro ano eu estava tão cansada e magra que me formei (apenas) com notas acima da média (*Second Class Honours*). O professor esperava que eu obtivesse o desempenho acadêmico máximo (*First Class Honours*) e me formasse com distinção, mas ele não sabia da minha doença. Porém, depois que meu coordenador pedagógico explicou a situação, o professor enviou referências minhas para várias universidades e eu recebi três ofertas de bolsa de estudo para o doutorado. Uma delas era para especialização em bioquímica na Universidade de Birmingham, outra para estudar genética molecular na Universidade de Stanford, na Califórnia, e outra para estudar bioquímica fisiológica no campus Mill Hill da Universidade de Londres, que não ficava longe da casa dos meus pais.

Quando olho para trás não acredito que deixei escapar a oportunidade de estudar genética molecular nos Estados Unidos, uma ciência que estava despontando. Mas também não acho que estava preparada para o desafio emocional de morar tão longe da minha família europeia e da minha família inglesa, as únicas pessoas que eu sentia que me compreendiam e me amavam pelo que eu era. Eu fiz a opção segura de estudar em Londres. Mesmo assim, foi demais para mim e só durou umas duas semanas. Eu me sentia perdida e em conflito.

A única coisa que eu tinha certeza é que queria encontrar um marido e formar minha própria família. Queria recriar aquele ambiente amoroso, aconchegante e divertido da minha casa e, mais ainda, de Antuérpia com meus avós. Parece tolice admitir isso agora, mas um dos motivos que me fizeram desistir de cursar o doutorado é que eu achava que isso diminuiria minhas chances de conseguir me casar. Nenhum homem iria querer se casar com uma mulher intitulada "Doutora fulana de tal", e que, possivelmente, estivesse à frente dele na carreira profissional. Sim, na década de 1970 estavam surgindo oportunidades para mulheres, mas nós ainda estávamos presas às antigas expectativas de gênero e era uma época confusa. Era como se eu quisesse arquivar os "superpoderes" do meu cérebro e restringir seu potencial futuro. Então, de olhos vendados dessa maneira, eu estava determinada a tentar ter uma vida "normal". Mas minha vida estaria longe de ser normal – na verdade, ela seria titubeante e desnorteante.

Depois que desisti do curso de doutorado, trabalhei como pesquisadora num laboratório farmacêutico durante um ano. Mas eu não gostava do trabalho. Ele só servia para me lembrar de que eu preferia muito mais a teoria do que o trabalho experimental que estava fazendo, e o tempo que levava para concluir vários experimentos, mesmo simultâneos, me deixava louca da vida, embora eu tivesse dois assistentes de pesquisa. Veja bem, eu gostava de desenvolver técnicas inovadoras. Numa delas, eu colocava fogo em minhas amostras numa capela para exaustão de gases com um pesado cilindro de oxigênio preso às costas. O supervisor do laboratório estava muito preocupado com o perigo que isso poderia representar!

Eu me mudei para Amsterdã e comecei a trabalhar como revisora de textos da Elsevier, uma editora científica. Aproveitei a oportunidade para aperfeiçoar meu holandês. Embora o flamengo (falado na Bélgica) e o holandês (falado na Holanda) sejam semelhantes, a pronúncia e os elementos do vocabulário são muito diferentes. Os falantes de flamengo conseguem entender os falantes de holandês, mas o inverso nem sempre é verdadeiro. Eu imaginei também que o fato de trabalhar em revistas científicas me manteria atualizada num campo que evolui tão rapidamente que, se você não continuar estudando, em pouco tempo ficará ultrapassada. E eu esperava que esse período "subsabático" pudesse me dar tempo para descobrir o que eu realmente queria da vida.

Na década de 1970, Amsterdã era frenética. Havia festas, drogas, música, porém, mais uma vez, eu não tinha amigos de verdade e me sentia solitária. Ninguém estava interessado em mim, e eu não estava interessada em ninguém. Fiz algumas escolhas românticas impressionantemente ruins, inclusive um homem que me disse que era casado depois de algumas semanas de namoro. Ele me contou isso um dia ao me perguntar se eu poderia levá-lo de carro ao hospital para visitar a esposa, que tinha acabado de dar à luz. Eu o levei (sabe Deus por qual motivo), mas, quando chegamos ao hospital, eu lhe disse para nunca mais me procurar.

Eu comecei a me pesar obsessivamente e a restringir ainda mais a minha alimentação. Tenho 1,70 m de altura e cheguei a pesar 40 quilos. A certa altura eu estava vivendo de uma maçã e meio corpo de leite por dia. Eu não contava calorias, apenas reduzia a minha ingestão de alimentos para uma quantidade ridícula. Desenvolvi manias estranhas em relação à comida; por exemplo, se eu provasse a comida enquanto estava cozinhando, ficava preocupada com a quantidade de calorias que havia acabado de consumir e descontava essa quantidade no prato quando me servia. Toda vez que eu visitava minha mãe ela fazia um comentário horrível sobre o meu peso ("Você parece ter saído de Bergen-Belsen"). Isso só servia para me deixar mais envergonhada, em vez de me fazer querer engordar. De certa forma eu sabia que estava doente, mas estava tão convencida de que era gorda, o que justificava meu regime rigorosíssimo. Cada vez que atingia uma meta de peso eu estabelecia uma nova meta, restringindo ainda mais minha alimentação. Esse era o único aspecto seguro da minha vida, o único sobre o qual eu tinha controle. Em todos os outros aspectos minha vida parecia solitária e sem rumo.

Com o tempo parei de menstruar, por isso fui ao médico, que me encaminhou a um ginecologista. O ginecologista me pesou, olhou para mim e disse que eu tinha algo que eu nunca ouvira falar antes: anorexia nervosa. "Você necessita ganhar peso", disse ele. "Ou precisará ser internada num hospital e ser alimentada por sonda nasogástrica." Ele disse ainda que talvez eu nunca mais ficasse menstruada e que, provavelmente, nunca engravidaria por métodos naturais.

Fiquei aterrorizada com a ideia de ser hospitalizada e entubada, sobretudo por algo que todo mundo parecia pensar que era tolice e sobre o qual eu tinha controle. Assim, aumentei um pouco minha ingestão calórica, só para ficar longe do hospital, mas continuei com peso baixo por muitos anos. A informação de que possivelmente eu nunca teria filhos arquivei no fundo da mente, mas isso, provavelmente, alimentou a minha depressão.

Depois de um ano e pouco em Amsterdã voltei para a Inglaterra, para perto dos meus pais, e arrumei um emprego como editora sênior de aquisições da área científica na editora Pergamon Press, em Oxford. Foi lá que meu sentimento de solidão, minha baixa autoestima, minha depressão e minha desorientação me deixaram tão mal que uma noite eu bebi muito vinho e tomei alguns comprimidos para dormir, na esperança de ter um longo sono e possivelmente nunca mais acordar.

Em vez disso, acordei grogue e sozinha na manhã seguinte e percebi que poderia ter morrido. Não era isso que eu queria. Eu queria viver, queria ter uma carreira, queria amar. Estava bastante consciente de tudo o que eu não tinha e também muito preocupada, achando que não merecia nada daquilo. Então eu agarrei a primeira oportunidade que apareceu, embora, pelo menos para meus pais, parecesse uma escolha tola e assustadoramente arriscada.

UMA NOVA AVENTURA

Era um novembro gelado em Oxford, e Margareth Thatcher estava tomando medidas duras. Os mineiros estavam em greve, e tínhamos pouco aquecimento. No trabalho eu tremia de frio e me encolhia em meu casaco de pele de coelho, com os pés lentamente se tornando dormentes. Nossos escritórios ficavam em cima de antigos estábulos, e o vento congelante entrava pelas fissuras do piso e das paredes. O céu era sempre cinza, e todas as manhãs eu saia do frio chalé com telhado de sapê situado num vilarejo ao sudoeste da cidade e ia para o trabalho em meio a uma névoa amarelada. Meu carro era um Morris Minor que, apesar de confiável, não tinha aquecimento e deixava passar umidade e vento frio pelas janelas.

Alguns meses antes eu conheci um homem que chamarei de Daniel. Ele também trabalhava na Pergamon, na seção de livros didáticos. Certa noite, ele, alguns colegas e eu saímos para tomar alguma coisa após o expediente. Daniel era engraçado e charmoso, principalmente depois de beber, e parecia bastante interessado em mim. Isso deu uma trégua na minha baixa autoestima e no meu desespero. Como era bom que alguém gostasse de mim. Daniel e eu logo começamos a namorar, e me senti tranquilizada por tê-lo ao meu lado.

Pouco tempo depois estávamos morando juntos, e, já há alguns meses, ele vinha falando sobre seus planos de se mudar para a Austrália. Ele falava sobre o tempo ensolarado, sobre as praias e as oportunidades. E quando chegou aquele novembro gelado, achei que essa mudança para a Austrália era exatamente o que eu precisava.

Eu estava cansada de muitas coisas na Inglaterra e, para ser sincera, ainda me sinto feliz de ter me livrado delas. Por exemplo, o clima. Os australianos não têm ideia de como o fato de viver num lugar com invernos longos, escuros e chuvosos, e verões curtíssimos, pode nos deixar deprimidos. Desconfio que meu humor naquela época deve ter sido afetado também pela falta de vitamina D. Outro aspecto opressivo em relação à Inglaterra, pelo menos quando eu morava lá, era o sistema de classes. As pessoas realmente davam importância para coisas como a escola que você frequentou, a universidade que fez e de que parte da Inglaterra era a sua família. Havia, e ainda há, um número desproporcional de formandos de Oxford e Cambridge nos cargos mais elevados, mesmo na área científica, para os quais pessoas que se formaram em outras universidades são igualmente qualificadas. Eu sempre me senti um pouco deslocada pelo fato de ser filha de imigrante, e a ideia de me mudar para um país quente e ensolarado do outro lado do mundo, que oferecia oportunidades iguais, era bastante tentadora. Além disso, eu queria deixar para trás minha depressão e meu sentimento de fracasso e recomeçar da estaca zero.

Eu concordei em ir com Daniel e começarmos a aventura juntos. Só tinha um problema, ele não tinha dinheiro algum.

• • •

Meu último Natal antes de ir para a Austrália foi soturno. Sempre adorei a data. Todo ano mamãe fazia questão de montar uma árvore de Natal natural decorada com velinhas de verdade acesas. Isso sempre deixava meu pai exasperado, pois ele tinha horror a riscos. Toda vez ele protegia a árvore com um balde de metal cheio de areia, que podia ser jogada em uma eventual chama. Aquecidos, nós tomávamos vinhos quente e brincávamos tirando sarro do papai, e mamãe gostava de preparar uma ceia tipicamente inglesa.

Mas naquele ano não houve brincadeiras, nem risadas nem diversão, pois foi nessa ocasião que comuniquei à minha família que em alguns dias iria para a Austrália. Não, eu não tinha passagem de volta. Não, eu não tinha um emprego. Não, não sabíamos onde ficaríamos. Tudo o que eu tinha para meus pais eram "Nãos".

Daniel passou o Natal conosco, e papai não conseguia falar comigo em particular para conversar mais detalhadamente sobre o assunto, pois estava começando a acontecer algo estranho: Daniel não me perdia de vista. Nós morávamos juntos, e saíamos juntos para o trabalho. Nos finais de semana, se eu dissesse que iria dar uma volta ou fazer compras, ele iria junto. Eu nunca ficava sozinha. Se eu tivesse amigas, acho que ele iria comigo quando fosse encontrá-las – mas eu não tinha amigas, o que, acredito, era parte do problema. E ali estava ele, passando o Natal comigo e com minha família.

Meu pai pressentiu que havia alguma coisa errada e não confiou em Daniel. Por fim, ele deu um jeito de tirar a mesa comigo e de trocarmos duas palavras na cozinha enquanto Daniel estava na sala conversando com mamãe.

– Você não precisa ir agora, Christine – disse ele. – Pode ficar um pouco mais, economizar algum dinheiro. Talvez você deva ter um plano de contingência e algum dinheiro só para garantir, caso não dê certo e você precise voltar.

– Já comprei a passagem – respondi.

– Eu te dou o dinheiro da passagem! Não se sinta obrigada a ir – disse papai.

Ele também fez questão de dizer que se eu estivesse infeliz era só telefonar a cobrar que ele me enviaria uma passagem para a Nova Zelândia, onde eu poderia ficar com a irmã dele, que morava lá. Eu tinha vinte e quatro anos de idade, mas devo ter parecido bastante vulnerável – estava magérrima, o máximo que tinha conseguido ficar no mesmo emprego era pouco mais de um ano e tinha um namorado esquisito – meus pobres pais devem ter ficado extremamente ansiosos.

Se eu estivesse sendo honesta comigo mesma, já teria percebido que Daniel não era tão perfeito para mim como eu pensara no início. Há meses ele havia me pedido dinheiro emprestado para comprar a passagem para a Austrália e não havia nem sinal de que ele iria me pagar, o que significa que eu não tinha um plano de contingência como meu pai queria. Eu tinha dinheiro suficiente apenas para ir para a Austrália, depois ficaria dura. Além disso, Daniel gostava muito mais de beber do que eu tinha ponderado, e havia também a sua eterna relutância em sair ao meu lado. Logo fiquei enjoada da presença dele, pois não conseguia ficar sozinha nem um minuto. Ele ficava lá, do café da manhã até a noite, bebendo cerveja e me levando para *pubs* escuros nas redondezas, onde pelo menos uma lareira acesa me alegrava um pouco. Certamente a ideia de calor e sol na Austrália ainda me atraia muito, mas eu queria ter um plano B. Como iria arrumar uma casa, agora que tinha acabado com minhas economias? O que iria fazer quando chegasse lá? Eu estava entrando num território desconhecido. Eu sabia, antes mesmo de sair da Inglaterra, que teria de dar um jeito de deixar Daniel se quisesse aproveitar melhor o meu tempo na Austrália.

Por isso, naquele Natal, meu coração queria que eu escutasse meu pai, mas meus teimosos reflexos entraram em ação. Meus pais dizem que minhas palavras foram "Eu não consigo", e, desde então, continuo dizendo a mesma coisa. Eu falei isso naquela noite: "Não posso, pai. Eu vou para a Austrália, e não para a selva africana. Vou arrumar um emprego, economizar e voltar para visitá-los antes que vocês pensam."

Ah, se eu soubesse que só veria meu querido pai muitos anos depois!

Era um primeiro de janeiro quente em Sydney, quando desci do avião e pisei no asfalto quente da pista do aeroporto, suando em meu casaco de pele de coelho que teimosamente trouxe de casa – não havia lugar na mala, por isso eu o vesti. Eu tinha apenas quinze dólares australianos no bolso.

Logo encontramos uma pensão barata em Manly, com piso empenado, banheiros de uso comunitário com ladrilhos verdes e corredores longos e escuros. O ambiente transmitia uma sensação de desalento, de desconexão com o sol que brilhava lá fora, de falta de perspectiva futura, de necessidade de beber para aliviar o sofrimento.

Eu continuava sendo vigiada dia e noite. Estávamos na Austrália havia apenas algumas semanas e eu estava começando a me sentir incomodada com essa situação. Cheguei à conclusão de que não podia continuar assim: eu precisava me separar de Daniel. A única maneira de fazer isso seria quando ele não estivesse me observando, ou seja, quando estivesse inconsciente. Esperei um ou dois dias até Daniel dormir profundamente sob o efeito da cerveja. Então, saí de mansinho, arrastando minha mala enorme o mais discretamente possível.

Encontrei um telefone público e peguei a lista telefônica. Eu só conhecia uma pessoa naquele país, uma colega dos tempos de Amsterdã, mas não tinha seu telefone; portanto, liguei para todas as pessoas em Sydney que tinham o sobrenome dela. Não haviam muitas, e acabei falando com seu irmão, que me deu o telefone de Judy. Graças a Deus Judy concordou em me buscar onde eu estava.

Fiquei esperando na calçada, com minha mala, torcendo para que o efeito da cerveja não tivesse passado. Meu coração batia forte no meu peito. Daniel nunca me bateu, mas eu estava começando a me sentir melindrada com seu comportamento. Eu tinha medo de que isso pudesse acontecer sob o efeito do álcool se eu o afrontasse ou lhe dissesse que queria fazer alguma coisa sem ele. Mas logo vi o carro de Judy. Coloquei minha bagagem no porta-malas e me sentei ao seu lado.

Nunca mais vi Daniel.

Judy salvou minha vida. Ela me deixou ficar na casa dela em Manly até encontrar uma acomodação. Acabei dividindo um apartamento com uma amiga dela em Greenwich. Comecei imediatamente a procurar trabalho e, graças às minhas referências da Inglaterra, arrumei emprego na revista *Reader's Digest* como colunista da área de ciências. E por intermédio de Judy conheci muitas pessoas adoráveis, tanto locais como expatriadas.

Foi com um grande alívio que escrevi minha próxima carta para meus pais, explicando que eu havia deixado Daniel, encontrado um lugar para morar e um emprego, e estava muito bem, curtindo a temperatura amena de janeiro enquanto eles, certamente, passavam pelo inverno gelado de Londres, com papai preocupado com os canos que estavam congelando!

Eu tinha escapado – mas ainda passaria por muitas dificuldades.

VIDA PERFEITA

O trabalho na *Reader's Digest* não era o que eu queria fazer como carreira, mas não havia empregos para cientistas de alto nível na Austrália, aos quais eu achava que poderia me candidatar – e o simples fato de ter um emprego e um salário no final no mês era um alívio enorme. E eu era uma escritora e revisora por natureza. Tenho olho clínico para detalhes e sou organizadíssima. Logo que assumi o posto, começamos a trabalhar num livro sobre as deslumbrantes paisagens australianas – eu tinha de escrever os textos sobre a flora e a fauna, sobre as quais não sabia nada. Então, fui ao Museu Australiano e conversei longamente com os cientistas e curadores, e escrevi uma página dupla sobre formas de vida, plantas e evolução. Achei o trabalho surpreendentemente desafiador e estimulante.

No escritório havia um designer gráfico que também era expatriado, de Londres. Na verdade, descobrimos que crescemos a alguns quilômetros de distância um do outro. Neste livro vou me referir a ele como Jack, que não é seu nome verdadeiro. Jack era um cara bonito, reservado e um bom designer gráfico, com algumas ideias interessantes. Ele falava baixo e parecia tímido e vulnerável. Jack costumava limpar nervosamente a garganta quando atendia ao telefone ou respondia uma pergunta, e dava a impressão de não ser autoconfiante, o que achei cativante e atraente, embora ele também fosse bastante determinado e tivesse opiniões firmes. Ele tinha um bom senso de humor e me fazia rir. Além disso, era muito bom conversar com alguém do meu país. Fiquei atraída por ele.

Uma noite ele me levou para ouvir uma banda de jazz no Basement Bar, em Sydney. Em pouco tempo começamos a namorar firme, e depois de algumas semanas decidimos morar juntos. Em meados da década de 1970, a Austrália ainda era um país bastante conservador, mas eu não era. Eu havia morado em Londres e Amsterdã e tinha uma atitude bem moderna em relação a amor e sexo. Além disso, eu não era nem um pouco religiosa nessa altura da minha vida, portanto, não havia nenhuma razão, nem cultural nem espiritual, para não morar com meu novo namorado. Viver numa casa compartilhada com outras pessoas é divertido, mas tem suas desvantagens. Então decidimos que nos mudaríamos para um local só nosso, mas que ainda assim conseguiríamos economizar com o dinheiro do aluguel e do supermercado ao dividir todas as despesas.

Jack e eu alugamos um pequeno apartamento em Paddington, que mobiliamos com móveis de segunda mão da Sociedade Saint Vincent de Paul, somente o estritamente necessário, e com caixotes cobertos por echarpes e cobertores. Foi divertido montar uma casa com ele, eu me sentia como se estivesse construindo uma nova vida na Austrália, exatamente como tinha planejado meses antes ao concordar em ir para aquele país com Daniel, o que parecia que tinha acontecido há séculos. Eu também me sentia segura. Ainda estava procurando aquele santuário confortável e familiar que sentia falta desde que saí de casa para ir para a universidade.

• • •

Uma noite, quando estávamos na cama, Jack colocou a mão sobre a minha barriga e senti que ele estava ficando tenso ao meu lado.

– O que foi? – perguntei.

– A sua barriga – respondeu ele.

Eu experimentei aquela ansiedade familiar que eu sentia sempre que achava que alguém estava prestes a criticar o meu peso. Estava pronta para começar a cortar calorias outra vez. Desde que o médico em Amsterdã disse que se eu emagrecesse mais um pouco teria de ser alimentada por sonda, mantive meu peso entre 45 e 50 quilos. Mas eu estava longe de fazer uma alimentação saudável ou de parecer saudável. Eu não pensava mais na minha anorexia, mas nunca deixei de ficar atenta à quantidade de comida que eu ingeria para continuar magérrima.

Eu mal conseguia falar, mas queria ouvi-lo dizer isso. Eu precisava que ele dissesse que eu estava ficando gorda para que eu pudesse começar a me punir novamente.

– O que tem a minha barriga? – perguntei baixinho.

Mas Jack não respondeu o que eu estava esperando. – Está dura. E redonda. E veja seus seios. Eles estão grandes.

Ele olhou para mim e disse: – Você está grávida, Christine. Só pode estar.

Fiquei chocada. Eu não podia estar grávida – o médico em Amsterdã havia dito que eu nunca teria filhos (por essa razão eu não usava nenhum método anticoncepcional). Além disso, eu raramente menstruava, por isso era difícil controlar o meu ciclo. Mas toquei minha barriga e percebi que ela estava um pouco mais dura do que o normal e ligeiramente convexa, e não côncava como sempre fora. Eu havia pensado que estava engordando (o que é relativamente normal para uma pessoa anoréxica). Mas agora que ele mencionou isso, meus seios também estavam bastante doloridos. Seria possível que eu estivesse grávida depois de todo esse tempo pensando que nunca ficaria?

Dito e feito, dias depois o médico confirmou a gravidez. Eu já devia estar de dois ou três meses. Jack ficou aborrecido, pois sempre planejou voltar para a Inglaterra e isso atrapalhava seus planos. Mas eu estava felicíssima. Um bebê! E eu que achava que jamais teria filhos! Esse foi o único período da minha vida em que não me importei de ganhar peso (não que eu tenha engordado muito), porque curti cada minuto do desenvolvimento do bebê dentro de mim.

Nós não conversávamos sobre isso, mas agora que estávamos "grávidos", Jack e eu meio que presumimos que esse era um projeto de vida de longo prazo. Provavelmente acabaríamos nos casando, embora Jack ainda fosse casado (mas obviamente separado), com uma mulher que morava na Inglaterra. Ele teria de se divorciar, por isso o casamento parecia algo distante. Mas agora teríamos um filho para criar juntos, então decidimos sair em uma lua de mel informal para a Nova Zelândia, quando eu estava de cinco ou seis meses. Era 1974, Jack tinha trinta anos e eu vinte e cinco. Rodamos todo o país de trailer e acampando. Visitamos minha tia que morava numa fazenda na Ilha Norte. Lembro-me, com saudade, daquelas férias. Nós estávamos relaxados, ríamos muito, cantávamos e íamos aonde tínhamos vontade. Ficávamos muito tempo ao ar livre, caminhando na praia, brincando de atirar pedras no mar e vê-las quicar na água. Foram dias felizes.

Na verdade, durante muito tempo o nosso casamento se alimentou desse brevíssimo hiato de felicidade.

Não me preparei muito bem para a chegada do bebê, pois estava um pouco supersticiosa. Tinha medo de comprar todo o enxoval e equipamento do bebê, e abortá-lo no último minuto. Afinal de contas, esse era um bebê que me disseram que eu nunca teria; acho que eu não acreditava realmente que estivesse acontecendo. No fim, comprei um moisés de segunda mão da Sociedade Saint Vincent de Paul e o pintei. Eu me sentia totalmente pronta.

O bebê nasceu duas semanas antes do previsto. Quando minha bolsa estourou, nosso carro não pegava e tivemos de ir andando até o hospital. Foi uma caminhada de uns vinte minutos, mas pontuada por contrações dolorosas. O parto foi demorado, provavelmente por ser o primeiro filho. Eu achava que as enfermeiras eram um pouco frias comigo; oficialmente eu era "mãe solteira" e, embora isso não fosse um grande problema na Europa, eu sentia que na Austrália conservadora essa não era uma situação normal. Tivemos até mesmo de passar pelo processo de "legitimar" o bebê no Alto Comissariado Britânico, assinando um formulário com o nome do pai e da mãe.

Sei que as mulheres que tiveram alguma doença mental são especialmente vulneráveis à depressão pós-parto, mas, no meu caso, graças a Deus aconteceu o oposto.

A alegria que senti ao segurar minha linda filhinha nos braços foi indescritível. De repente eu me senti plena, como eu precisava me sentir. Ianthe era a âncora que eu estava precisando, pelo menos nos últimos dez anos, e me adaptei rapidamente à maternidade. O nome dela foi escolhido por minha sogra, a quem escrevi pedindo sugestões de nomes de família. Significa "campo de violetas". Ela era um bebê fofinho e feliz, a coisinha mais linda e perfeita que eu já tinha visto.

Antes de Ianthe, eu não ligava muito para o que comia, contanto que não comesse muito. Por exemplo, eu podia matar a minha vontade de comer chocolate, contanto que depois pulasse o jantar. Mas, agora que estava amamentando, comecei a dar importância à alimentação de nós duas. Deixei de lado a restrição calórica e passei a consumir alimentos integrais e nutritivos. Demorou muito tempo para que eu parasse de ficar obcecada com meu peso – na verdade, demorou anos para que eu jogasse fora a balança do banheiro, quando percebi o quão perigoso era para mim saber quanto estava pesando. Acho que esse foi o começo de um longo período de lenta recuperação da anorexia, uma doença mental.

Entrei para um grupo local de mães que estavam amamentando e, assim, conheci outras mulheres que haviam acabado de dar à luz. Foi ótimo, pois finalmente tinha amigas para bater papo, com as quais eu tinha algo em comum e que eu sentia que realmente se preocupavam comigo. Comprei um carrinho de bebê de segunda mão; devo ter acabado com uns três desses carrinhos, de tanto passear com Ianthe por Sydney. Eu curti o meu bebê e, para a própria surpresa dele, Jack também. Ele logo descobriu que tinha jeito com bebês e me ajudava muito, levando Ianthe para passear quando eu precisava recuperar o sono perdido, e andando para baixo e para cima com ela no corredor quando Ianthe chorava de cólica.

Mais tarde tomamos a decisão crucial de comprar uma casa juntos. A única coisa que conseguimos comprar foi uma casa geminada em péssimo estado na Crown Street, em Surry Hills, muito antes que essa zona central se tornasse uma área "descolada" da cidade. Por alguma razão, logo depois que compramos a casa, Jack decidiu largar o emprego. Ele achava que podia se virar com vários projetos, invenções e ideias de empreendedorismo, nenhuma das quais lhe rendeu mais do que alguns trocados. Tive de pedir demissão quando o bebê nasceu, embora ainda fizesse pequenos trabalhos de revisão em casa como *freelance*. Os juros estavam cada vez mais altos, e era muito difícil pagar a prestação do financiamento. Além disso, com a inflação, o preço dos alimentos subia toda semana. Eu tinha de telefonar constantemente para as editoras para as quais trabalhava para solicitar um adiantamento, pois simplesmente não conseguíamos equilibrar o orçamento.

Não tínhamos dinheiro para reformas, e pouquíssimo dinheiro para mobília. Se quebrava uma janela (e quebrava), tapávamos o buraco com uma tábua. Quando apareceu uma goteira no teto da cozinha, Jack instalou um cano de escoamento dentro de casa para coletar a água. Quando surgiu uma goteira ainda maior na sala, coloquei uma piscina inflável infantil e brincava que tinha uma piscina coberta. Decorei a casa com echarpes, tiras de tecidos e cobertores coloridos. Nosso criado-mudo era uma cadeira velha forrada com um cachecol. No andar de baixo, tínhamos uma cadeira de segunda mão comprada na Ikea, um velho pufe cor de laranja, uma cômoda e uma pequena televisão em preto e branco. Durante anos não tivemos nem mesmo uma mesa de cozinha.

Sendo uma pessoa pragmática e sabendo que precisávamos comer, procurei meus antigos contatos na *Reader's Digest* e peguei mais trabalhos de revisão de livros, periódicos e revistas científicas de outras editoras, que eu fazia em casa, trabalhando horas a fio quando o bebê estava dormindo. O dinheiro mal dava para sobreviver, e essa foi uma época bastante estressante para mim. Com tão pouco dinheiro e ainda tendo de pagar o financiamento do imóvel, a atmosfera em casa estava sempre carregada.

Não gosto de me lembrar desse período da minha vida. Foi há muito tempo e eu devia fechá-lo numa caixa e deixá-lo lá dentro, mas acho importante ser totalmente sincera sobre toda a minha vida, pois tudo isso faz parte do que eu era e de quem me tornei. Além disso, acho que influenciou o desenvolvimento do meu cérebro. Eu gostaria de ter ido embora para sempre da primeira vez que Jack me machucou, mas se eu tivesse feito isso não teria minhas duas outras filhas, e fico muito feliz por elas terem nascido.

Uma das nossas primeiras brigas sérias aconteceu depois que Ianthe nasceu. Lembro-me de que a maioria das nossas brigas naquele tempo era por causa de dinheiro, portanto suponho que esse tenha sido o motivo desta também. Jack estava furioso; eu já tinha visto isso antes. Mas, naquele dia, sua raiva ficou fora de controle e ele começou a berrar, a bater e a chutar as paredes. Eu fiquei no caminho dele e ele me empurrou, e eu caí no chão com toda a força.

Das primeiras vezes que isso aconteceu, meu sentimento foi de choque e incredulidade. Parte do meu cérebro dizia "Seu namorado te empurrou", enquanto outra dizia "Não pode ser isso, não pode ser simples assim". Eu tinha de arranjar uma explicação lógica que justificasse aquele acontecimento e ainda me permitisse lidar com o fato de que eu tinha apanhado. Talvez eu tenha pensado que a culpa era minha, que eu é que tinha começado a briga. Nós gritamos muito um com o outro, e Jack simplesmente havia perdido a cabeça. Todos nós perdemos a cabeça de vez em quando. Eu havia visto minha própria mãe atirar os pratos no chão quando ela estava furiosa com meu pai, e não parecia certo que o homem que eu amava – e que disse que me amava – tivesse me machucado fisicamente, mesmo que estivesse de cabeça quente.

Numa daquelas vezes, quando eu estava caída no chão, lembro-me de que olhei para ele e vi que seus olhos ainda estavam repletos de raiva. E de repente senti algo mais, algo que se tornaria uma constante no nosso relacionamento durante muitos anos: medo. Onde é que isso iria parar? Até onde iria Jack? Era o medo que me impedia de retrucar, de revidar e de ir embora. Sempre que ele me batia a minha estratégia era ficar o mais quieta e imóvel possível. Eu sempre ficava indignada e chocada, mas o terror da imprevisibilidade de Jack me deixava paralisada.

O episódio mais pavoroso de que me recordo foi uma tarde quando ele teve um acesso de raiva, na parte de trás da casa, onde havia uma porta de vidro que dava para o quintal. Eu estava usando um *kaftan* azul, uma espécie de túnica longa. A tábua de passar roupa estava armada perto da porta. Ele me empurrou e eu caí, derrubando a tábua e atravessando a porta de vidro. Voou uma chuva de cacos de vidro sobre mim, mas, curiosamente, não sofri um único corte – aparentemente fui protegida pelo tecido da túnica e pela cortina cor de laranja na porta.

De outra vez, lembro-me de estar toda encolhida no chão com Jack me chutando. Não sei por que essa briga havia começado. Embora na maior parte das vezes o motivo fosse dinheiro, às vezes eu mencionava o nome de outro homem, de passagem, geralmente um colega de trabalho, e ele ficava paranoico e obcecado com a ideia de que eu estava tendo um caso. Não havia nada que eu pudesse fazer para tirar isso da cabeça dele, e ele começava a berrar.

– Você não devia falar essas coisas – dizia ele, sobre qualquer coisa que, supostamente, o tinha provocado. – Você me deixa furioso. A culpa é sua.

De uma maneira sádica, às vezes eu queria que a culpa fosse minha. Se houvesse alguma coisa que eu pudesse evitar de falar ou fazer para acabar com as agressões, eu teria feito. Mas não havia nenhuma razão, e nunca consegui fazer com que ele parasse.

Ele nunca me causou lesões graves. Mas não era a dor física que mais me aborrecia nesses episódios – era o trauma emocional. Eu me sentia fraca, doente e trêmula, como a gente se sente depois de uma descarga de adrenalina. O choque e a vergonha me faziam muito mal. Eu ficava envergonhada, confusa e acuada.

Minha irmã se casou em 1977, na Inglaterra, e, embora eu tivesse adorado ir ao seu casamento, eu não podia pagar a passagem. Até hoje lamento não ter estado ao lado dela naquele dia, principalmente quando olho a foto de casamento dela e vejo minha falta gritante.

Mais tarde, naquele ano, recebi uma carta da minha mãe. Ela estava muito emocionada: meu avô falecera havia alguns anos, mas bomma estava cheia de vida e determinada a conhecer sua única bisneta, e minha mãe também queria vir conhecer a neta Ianthe. Meu pai tinha pavor de avião e nunca veio nos visitar na Austrália, embora me ligasse religiosamente toda semana depois que eu instalei uma linha telefônica. Mas bomma e mamãe estavam planejando uma viagem à Austrália, e ficariam conosco em Surry Hills. Mamãe nos visitaria outras duas vezes, mas essa foi a única vez que bomma viria para a Austrália.

Eu adorava minha mãe e minha avó, e estava morrendo de vontade de vê-las. Duas mulheres que eu amava e não via há quase quatro anos. Além disso, eu queria muito que elas conhecessem Ianthe. Mas eu estava envergonhadíssima da minha pobreza e do meu relacionamento problemático com o pai da minha filha. Estava apavorada com a visita delas e, no fundo do meu coração, eu queria que não viessem. Ou que eu pudesse vê-las sem mostrar a minha casa nem as apresentar a Jack. Essas eram fantasias ridículas, então tentei encarar a situação como adulta e resolver o problema da melhor maneira que pudesse, e comecei a endireitar a casa para que ela ficasse o mais acolhedora possível.

Era muito difícil fazer uma casa horrorosa, caindo aos pedaços, parecer bonita quando eu não tinha dinheiro e muito menos tempo para fazer isso. Eu cuidava do bebê, trabalhava e fazia as tarefas domésticas, e Jack, nessa época, não ajudava com nada disso. Ele tinha jeito com bebês antes que eles aprendessem a falar, mas depois que começavam a andar não lhe interessavam mais. Além disso, ele odiava as birras, a imprevisibilidade e o jeito desastroso das crianças. Uma vez, chegou a chamar Ianthe de mentirosa, quando ela inventou uma historinha para ele. Reunindo todas as minhas forças, arrumei a nossa casinha, varri, limpei, retirei o entulho, espalhei lenços coloridos e a enfeitei com flores do jardim de outras casas, usando velhos vidros de geleia como vasos. Fiquei exausta tentando deixar a casa arrumada e limpa. Mas era muito diferente da casa da minha mãe, com sua arrojada porta vermelha, o interior cuidadosamente pintado de gelo e os lindos abajures coloridos. A tinta das paredes da nossa casa estava descascando, o banheiro estava mofado e tinha pó por todo lado, que parecia se acumular mais rápido do que eu conseguia limpar. Mas nada do que fiz adiantou, por causa dos vários projetos e reformas semiacabadas de Jack espalhados pela casa toda.

A cozinha era um puxadinho nos fundos da casa, e havia uma goteira no telhado. Então Jack amarrou um pedaço de calha velha que encontrou no lixão para que a água escorresse dentro de um balde sobre o balcão da cozinha. O ambiente era horroroso, para dizer o mínimo.

Na parte de cima tinha apenas dois quartos. Um era de Ianthe, então arrumei o nosso quarto para mamãe e bomma. Tirei o colchão da nossa cama e pus no chão para elas dormirem. Coloquei caixotes dos dois lados do colchão, forrados com echarpes, para servir de mesa de cabeceira. Não havia espaço nem dinheiro para um guarda-roupa. Jack e eu dormiríamos na sala, na base da nossa cama box.

No dia em que iríamos pegá-las no aeroporto vesti minha melhor roupa, uma saia longa e uma blusa (que ainda eram de segunda mão, da Sociedade Saint Vincent de Paul) e fomos ao aeroporto em nosso velho Holden, que estava com a lataria toda enferrujada e pintada de várias cores. Mas isso não era o pior. Meu maior arrependimento naquele dia, que nunca mais esqueci, é que deixei Jack me convencer a sair tarde para o aeroporto.

– Elas terão de passar pela alfândega – disse ele. – Vão demorar pelo menos uma hora para sair. Não vou ficar uma hora no aeroporto esperando por elas. Isso é uma perda de tempo.

Eu não tinha muita opção, pois ainda não havia tirado a minha carteira de habilitação australiana, então tinha de ir com Jack. Quando chegamos ao aeroporto de Sydney, minha mãe e minha avó estavam esperando lá fora no calorão, sentadas sobre a bagagem e se abanando. Não tínhamos telefone em casa, de modo que elas não poderiam ter telefonado. De qualquer maneira, provavelmente já teríamos saído de casa quando conseguissem ligar. Portanto, elas não tiveram escolha, a não ser esperar. E as duas não estavam nem um pouco felizes quando chegamos.

Em vez da alegre reunião familiar que eu tinha imaginado, foi um momento tenso e embaraçoso. Jack estava reticente, como sempre, e Ianthe estava chorando. Mamãe e bomma estavam furiosas por terem esperado tanto tempo num país estranho, e acho que nenhuma das duas me perdoou por isso. Mamãe estava particularmente irritada, pois vovó tinha oitenta e dois anos e elas haviam acabado de fazer uma longa viagem vindas da Europa. O trajeto para casa foi desconfortável; eu não sabia o que dizer e só conseguia pensar em como prepará-las para o estado da minha casa, que eu não havia mencionado muito em minhas cartas. Portanto, ficamos em silêncio durante quase todo o percurso.

Quando finalmente chegamos e eu lhes mostrei a casa, minha mãe, como sempre, foi franca. – Nossa, você mora numa favela!

Com aquelas palavras, foi como se meus piores receios tivessem se transformado em realidade. Ainda sinto um aperto no coração quando penso na reação da minha mãe em relação à casa. Eu tinha tido tanto medo de que ela ou minha avó pensassem mal de mim ou da minha situação que corri de um lado para outro feito louca com a vassoura na mão, espalhando echarpes e flores, pensando em como melhorar a minha casa dilapidada, por semanas a fio, preocupada com a reação delas. E aquelas palavras me deixaram arrasada.

Ela também me criticou por continuar usando roupas *hippies* ("Por que você não usa alguma coisa elegante?"), e por ser muito magra para o seu gosto. Bomma ficou de boca fechada, pois provavelmente concordava com minha mãe. Tenho certeza de que as duas detestaram as refeições que preparei para elas durante aquela visita. Obcecada por uma alimentação saudável, as refeições que preparei eram meticulosamente equilibradas em termos nutritivos: repletas de cereais, pães integrais e verduras, e não o tipo de comida deliciosa e calórica que elas estavam acostumadas, com manteiga, creme de leite, sal e queijo. De qualquer maneira, eu não tinha muito dinheiro para preparar pratos com carnes.

Graças a Deus, mamãe tinha amigas que moravam em Cronulla, um bairro praiano ao sul de Sydney, e ela e vovó passavam algum tempo lá com elas, indo às belas praias, fazendo passeios na cidade e até mesmo pequenos cruzeiros, algo que eu jamais poderia me dar ao luxo de fazer com elas. Assim nós tínhamos um pouco de respiro e elas podiam curtir suas férias e ver um pouco da beleza da cidade. Porém, dois dias depois que elas chegaram eu fiquei sabendo que a visita delas seria ainda um pouco pior do que eu tinha imaginado.

– Tenho uma notícia boa para você, Christine – disse mamãe, certa noite após o jantar. Estávamos só nós duas sentadas à mesa. Ianthe estava dormindo, bomma tinha ido para a cama e Jack estava nos fundos trabalhando em um de seus projetos. Quando perguntei que notícia era, ela anunciou que havia levado com ela os papéis de divórcio de Jack, do Reino Unido. Meses antes, Jack havia assinado os papéis do divórcio que sua esposa tinha pedido e os enviado para a Inglaterra, para o endereço da mãe dele. Minha mãe entrou em contato com a mãe de Jack, pegou os papéis e os levou para a Austrália.

– Agora vocês podem se casar! – ela disse, toda feliz. – E podem fazer isso durante a nossa estadia. Em vez de ficar rodeada de estranhos, você ficará na companhia da sua família.

Senti um aperto no coração. A última coisa que eu queria era ficar ainda mais atrelada a Jack. Nós já tínhamos o bebê e a casa, e eu sabia que não queria viver com esse homem pelo resto da vida. Eu tinha começado a fantasiar sobre um plano de fuga. E casar com ele não fazia parte do plano.

Tentei usar a abordagem da "mulher moderna". – Mãe – eu disse. – Casamento está tão fora de moda! É tão patriarcal! Nós já dividimos o financiamento da casa, já está de bom tamanho. Não precisamos de um pedaço de papel.

Mamãe ficou brava. – Bobagem. Foi muito bom para seu pai e eu e também para seus avós. Será bom para você também. E se não significa nada para você, se é só um "pedaço de papel", então você pode se casar por nós, para que possamos estar presentes. Seria muito importante para a sua avó.

O que eu podia fazer? Não podia admitir para minha mãe que eu estava presa num relacionamento abusivo, com um homem que me batia, e que estava começando a sentir medo dele. Eu estava envergonhada demais para lhe dizer isso, além de ir totalmente contra o meu lema pessoal, minha identidade com a família: "Eu consigo." Eu jamais sonharia em admitir para minha mãe que havia cometido um erro tão básico na minha vida. E sentia exatamente o mesmo em relação à minha avó. Junto com minha tia Evie, essas eram as mulheres mais importantes da minha vida. Eu não podia deixar que elas pensassem mal de mim.

Eu suspirei por dentro. Percebi que não havia escapatória e disse para mim mesma que *era sim* apenas um pedaço de papel e que isso não tornaria deixar Jack mais difícil do que já era. Então, cedi.

– Tudo bem, mas não quero nenhuma frescura. Somente...
Olhei para a cozinha. – Somente em volta da mesa da cozinha.
– O quê?! – disse minha mãe. – Poderíamos, pelo menos, ir a um restaurante.

Mas não arredei o pé. Não deixaria minha mãe pagar por aquele casamento de araque e não tinha condições de bancar nada além de uns poucos amigos em casa. Fora que eu, simplesmente, não queria nada mais do que o estritamente necessário.

– Não – respondi –, de qualquer modo a cozinha é o coração da casa. É nela que quero me casar.

Eu sabia que esse argumento convenceria minha mãe, que era amante da boa mesa, e eu estava certa.

Jack não ficou muito animado com a ideia de se casar – ele disse que não via razão para isso, mas aceitou, pois para ele tanto fazia.

Portanto, entramos com a documentação no cartório, contratamos um celebrante, compramos um pouco de vinho em embalagem "bag in box", azeitonas e batata frita, e convidamos alguns amigos. E num fim de semana de outubro nos casamos em volta da mesa da cozinha, Jack e eu vestindo conjuntos safári combinando, comprados para a ocasião. Bomma franziu os lábios quando olhou a goteira que pingava na pia. Foi muito diferente do casamento da minha irmã, alguns meses antes, onde o branco reinava. Mas talvez ela tenha dado um desconto, atribuindo isso à minha maneira estranha de fazer as coisas. Dizem que às vezes ela suspirava e dizia com um leve sorriso: "Esta é minha Christine!", quando ouvia algo que eu tinha feito que, mais uma vez, era um pouco fora dos padrões convencionais.

Quando mamãe e bomma foram embora, depois de seis semanas de férias na Austrália, eu já estava casada. Mais uma vez, foi com sentimentos contraditórios que as vi partir. Eu me senti muito sozinha sem elas, mas era muito difícil fingir que minha vida era perfeita e foi um grande alívio acabar com o faz de conta.

Durante muitos anos eu vivi uma intrigante e vergonhosa dicotomia. Por um lado, eu era uma mulher extremamente inteligente, lógica e capaz; por outro, em casa ficava paralisada, infeliz e temerosa. A pergunta que não quer calar, obviamente, é: Por que não deixei Jack? Como é que uma mulher tão inteligente passa por esse horror em casa e não faz nada? Por que deixei que a situação se arrastasse?

Porém, nos últimos anos aprendi algumas verdades sobre a violência doméstica, e, agora, entendo melhor como fiquei tão enredada naquela situação horrível.

Hoje eu consigo identificar inúmeras razões pelas quais não deixei Jack antes e entender por que continuei a viver com seus acessos ocasionais e imprevisíveis de fúria. Apesar de partir meu coração pensar sobre isso – e eu adoraria voltar no tempo e tirar minhas filhas e eu daquela situação –, sei que a Christine daquele tempo realmente estava num beco sem saída, ou, verdadeiramente, acreditava nisso. Eu simplesmente não conseguia enxergar uma saída. Demorou muitos anos para que eu conseguisse encontrar uma alternativa a ficar casada com Jack e tivesse coragem de cortar todos os laços com ele.

Havia alguns aspectos na minha relação com Jack que na verdade eu não entendia ou não via de forma clara e objetiva. Por mais estranho que pareça, uma delas é que eu estava claramente sendo abusada – que era uma vítima de violência doméstica. Eu sabia que meu casamento era infeliz e que meu marido era bastante instável, mas acreditava que isso era normal nas famílias. Embora meu pai fosse um homem muito carinhoso, eu me convenci de que papai era a exceção e Jack, a norma. Eu havia visto isso na cultura popular do dia a dia, e presumi que fosse verdade: as mulheres eram afáveis e os homens eram agressivos. De vez em quando Jack tinha um problema com o qual não conseguia lidar e, então, ele explodia – às vezes só gritando e chutando, outras vezes me empurrando ou me chutando.

O fato de eu estar socialmente isolada durante muitos anos ajudava menos ainda. Minha família morava em outro continente, assim como a família de Jack, e, embora meu pai me telefonasse toda semana (essas ligações se tornaram a minha *tábua de salvação), não havia avós para ajudar e,* quem sabe, perceber o que estava acontecendo. Eu não incentivava as meninas a levar coleguinhas da escola para casa, porque Jack era absolutamente imprevisível e eu não queria que elas ficassem envergonhadas nem com medo. Depois que voltei a ter um emprego em tempo integral, eu trabalhava durante tantas horas que não podia participar das comunidades das escolas que minhas filhas frequentavam – não fazia parte da associação de pais e filhos nem conhecia outras mães. Eu não tinha tempo para a vida social. Minhas filhas eram a minha vida. Por causa disso, eu não tinha ninguém com quem pudesse falar sobre o que estava acontecendo, mesmo se quisesse. Eu não tinha o apoio de que precisava para deixar meu marido. Não havia abrigos para mulheres naquela época, de modo que eu não tinha para onde ir. Além disso, eu não tinha dinheiro suficiente, mesmo que tivesse tomado coragem para ir embora.

Sim, porque é preciso muita coragem para sair de uma situação de violência doméstica. A razão final pela qual não o deixei é muito triste, e é a mesma razão pela qual muitas mulheres permanecem num relacionamento violento. Eu tinha medo de que se o deixasse ele nos machucaria muito mais do que se eu ficasse. Na verdade, eu tinha medo de que ele nos matasse.

UMA NOVA CARREIRA

As coisas continuaram na mesma toada por mais uns três anos na casa de Surry Hills, mas, em 1980, houve duas grandes mudanças na minha vida.

Eu não queria mais filhos, por isso tomava pílula anticoncepcional. Jack havia me pedido para parar de tomar, pois queria tentar um menino. Eu ainda não tinha parado, e mesmo assim acabei engravidando novamente em 1980.

Embora não quisesse ficar atrelada a Jack por outro filho, logo me acostumei à ideia. Apesar de tudo eu curtia muito ser mãe de Ianthe. Nunca pensei que pudesse sentir um amor tão grande como o que sinto por minhas filhas. Nossa segunda filha recebeu o nome de Rhiannon, um nome galês do qual eu gostava. Jack era descendente de galeses. Era também o nome de uma música muito bonita da banda Fleetwood Mac (muitas mulheres da idade da minha filha se chamam Rhiannon). Ela era uma bebezinha adorável, muito serena e tranquila. Ianthe, que já estava grandinha, por outro lado me lembrava minha mãe – inteligente, expansiva, competitiva e teimosa. Eu amava muito as duas, cada uma com sua personalidade inconfundível. Ianthe era bastante curiosa e ativa, estava sempre correndo; eu tinha de ficar o tempo todo atrás dela para que ela não caísse e se machucasse. (Somente após um ano é que percebi que ela era míope, e, depois que começou a usar óculos, os tombos diminuíram bastante.) Infelizmente, Jack, que tinha sido tão bom com Ianthe quando ela era bebê e que queria um segundo filho, desta vez não estava muito disposto a ajudar. Ele não tinha tempo para crianças pequenas: distanciou-se de Ianthe e não era prestativo com Rhiannon.

A outra grande mudança foi que minha amiga Judy, que trabalhava na CSIRO [órgão nacional para pesquisa científica da Austrália] me falou sobre um anúncio de emprego como responsável por informações científicas. A vaga era em Sydney e envolvia pesquisas e redação de artigos sobre a área de minerais e energia da instituição.

Não se tratava propriamente de pesquisa, mas eu iria desafiar meu cérebro mais uma vez, além de pensar e escrever sobre novas áreas de pesquisa.

Eu me candidatei à vaga e fui admitida. Rhiannon estava com dois meses de idade e eu não queria deixar as meninas com Jack, então encontrei uma creche onde elas ficariam enquanto eu estava trabalhando. Era em Boronia Park, a caminho do trabalho, e a mulher responsável pela creche tinha um jeito carinhoso e maternal.

Sempre digo que o fato de começar a trabalhar na CSIRO foi como um regresso ao lar. Fora o nascimento das minhas filhas, esse era outro lado importante da minha vida que eu sentia que estava faltando. Durante muitos anos meu pobre cérebro tinha sido afastado da pesquisa científica, e agora, até que enfim, a venda seria retirada para que ele pudesse começar a florescer e se desenvolver outra vez. Finalmente encontrei o tipo de ciência com a qual eu queria me envolver: pesquisas interessantes e de vanguarda que produziam benefícios para o mundo real – além de estar trabalhando para um órgão governamental e não para um laboratório farmacêutico voltado para seus próprios interesses. Era o tipo de trabalho que eu procurava desde que saí da faculdade, mas que simplesmente não sabia que existia. Eu me debrucei sobre o planejamento e a avaliação de pesquisas, trabalhando com pesquisadores para ficar mais enfronhada no setor.

Outro aspecto maravilhoso do trabalho na CSIRO eram as pessoas. Eu me senti imediatamente aceita por elas. Eu achava fantástico que as pessoas pedissem minha opinião, achava formidável me sentir respeitada e necessária, fazer parte de uma equipe e realmente usar meu cérebro.

Adorei meu trabalho na CSIRO logo de cara, e me dediquei ao máximo. O laboratório ficava num bairro mais afastado, ao norte de Sydney – era um prédio de quatro andares com tijolinhos vermelhos. Meu primeiro trabalho foi numa pequena sala localizada no piso térreo. Tinha uma máquina de escrever elétrica com esfera tipográfica, que logo deixei para outra pessoa usar, pois não digitava (ainda não digito, mas espero que isso mude em breve); um armário de arquivo; uma mesa; e um telefone.

Minha carreira na CSIRO foi um aprendizado constante. No primeiro dia de trabalho recebi uma ligação de alguém que me pediu para explicar o que era pirólise rápida. Fico impressionada com o fato de me lembrar do termo, mas parece que nunca vou me esquecer. Eu já tinha ouvido falar de pirólise, da época da faculdade, e supus com propriedade que pirólise rápida teria algo a ver com carvão. Procurei então o cientista da área de pesquisas sobre carvão e pedi que ele me falasse sobre o assunto. Ele não só me explicou como me deu algum material de leitura e, à tarde, eu retornei o telefonema para a pessoa e lhe dei uma explicação adequada do sofisticado método para produzir óleo a partir do carvão. Esse é um bom exemplo do que consistiu toda a minha carreira na CSIRO: pesquisar, entender rapidamente um processo científico e conseguir explicá-lo a um leigo. Eu tinha o dom de memorizar e absorver fatos, e também de traduzir o jargão científico em linguagem simples.

Havia também um grupo de datilógrafos (que eu usava bastante) e uma lanchonete. O chá da manhã, almoço e chá da tarde eram os melhores horários para me sentar com diferentes equipes de pesquisa e descobrir tudo o que estava rolando no prédio. Era uma excelente oportunidade para trocar ideias, e eu tentava absorver o máximo que podia, por isso girava entre os grupos em todos os intervalos.

Comecei a buscar novas maneiras de desempenhar minhas funções o melhor possível. Escrevi artigos para revistas do setor sobre pesquisas e projetos da CSIRO que eu achava que seriam úteis às partes interessadas. Li muitas pesquisas e reuni diferentes áreas da ciência. Descobri que um artigo sobre minerais podia ser de interesse de pessoas da construção civil, mas que provavelmente não sabiam da sua existência. Eu resumi o artigo e fiz com que chegasse ao conhecimento delas. Eu tinha uma grande capacidade de compreender pesquisas e depois reescrevê-las para torná-las compreensíveis para diferentes grupos e pessoas, quer fossem do governo, dos meios acadêmicos ou de segmentos do mercado.

Meu cérebro era como um processador maciçamente paralelo, capaz de trabalhar rápido, detectar conexões, cruzar áreas científicas distintas e enxergar novas oportunidades e maneiras de pesquisar conceitos. Não fiquei muito tempo no cargo de responsável por informações científicas – no início de 1983, fui promovida a assistente cientifica do chefe da Divisão de Física dos Minerais, o doutor Ken McCracken, que mais tarde recebeu o Austrália Prize por suas pesquisas científicas. Foi a primeira vez que alguém que não tinha um título de PhD foi nomeada para o cargo de assistente científica do chefe da divisão. Sempre me arrependi de não ter feito doutorado, mas, como vários anos haviam se passado desde a minha graduação, não era mais possível fazer doutorado em bioquímica e genética molecular. As coisas mudam muito rápido no campo da ciência. Mas, em 1991, consegui obter um certificado de MBA num curso à distância, o que foi utilíssimo no meu trabalho.

De qualquer maneira, no meu emprego eu estava aprendendo sobre tantos aspectos da ciência que certamente era uma vantagem não ter me especializado num campo em particular. Ken era um físico com formação em ciência espacial. Ele havia feito pós-doutorado no Instituto de Tecnologia de Massachusetts (MIT), e na Universidade do Texas tinha projetado instrumentos que eram utilizados em nove sondas espaciais americanas. Depois disso ele foi consultor da NASA, pesquisando como proteger os astronautas das erupções solares, ou seja, explosões do sol que podiam causar radiação mortal aos astronautas.

No início da década de 1970 ele voltou para a Austrália e chefiou a nova divisão de física dos minerais na CSIRO. Isso parece muito diferente de exploração espacial, até ponderarmos que a sua especialidade em imagens de satélite levou ao fascínio com a física de sensoriamento remoto – a capacidade de captar imagens e mapear vastas áreas, com uma grande riqueza de detalhes, de uma distância imensa –, que revolucionou a exploração de minerais neste país. Além de ser um homem excepcionalmente inteligente que tinha talento para enxergar novas oportunidades, era uma pessoa excelente para se trabalhar. Ken era visionário, inspirador e tinha um grande senso de humor. Ele sempre gostava de ensinar o que sabia, e eu estava sempre ávida por aprender. Meu cérebro estava se expandindo cada vez mais, absorvendo novas ideias e informações. Ken era uma das razões pelas quais eu me senti "em casa" quando comecei a trabalhar na CSIRO. Ele e todos os outros funcionários da organização eram batalhadores e comprometidos com excelência científica e novas ideias que poderiam ser benéficas para a Austrália.

É claro que havia uma grande contradição na minha vida. Por um lado, eu estava me saindo bem no trabalho e sendo promovida e, por outro, era casada com um homem violento e continuava a sofrer em suas mãos em intervalos regulares, porém imprevisíveis. Ninguém no trabalho tinha ideia do que se passava na minha casa. Afinal de contas, no trabalho eu era vista como rigorosa, assertiva, autoconfiante e franca. Em suma, eu simplesmente não me encaixava no perfil, ou no estereótipo, que tantas pessoas fazem das mulheres que são "vítimas de violência doméstica". (Na verdade, não existe um perfil para a "vítima de violência doméstica". Hoje sei que isso acontece em todas as culturas, idades, graus de instrução e níveis de renda.) Minhas lesões nunca eram graves e raramente havia algum hematoma visível. Somente as cicatrizes invisíveis: vergonha, medo e desprezo por mim mesma.

Quando Jack me batia, eu nunca chorava. Depois, eu ficava trêmula por causa da adrenalina, com medo e uma sensação de injustiça. Mas eu reprimia esses sentimentos. Toda vez que isso acontecia eu simplesmente me afastava e levava minhas filhas para uma longa volta de carro. E assim as coisas esfriavam – por algum tempo. Mas meu amor por ele foi diminuindo pouco a pouco, até que não sobrou nada, a não ser tolerância e afastamento. E embora ele sempre prometesse que não iria acontecer novamente, eu sabia que não era verdade.

Apesar de não ter um trabalho remunerado, raramente Jack cuidava das nossas filhas. Ele dizia que estava ocupado demais com vários projetos em casa, e eu ficava feliz por deixar minhas filhas aos cuidados de alguém que não era tão instável emocionalmente. As cuidadoras da creche eram bastante atenciosas e carinhosas.

Quando Rhiannon estava com dois ou três anos, finalmente senti que tinha coragem de fazer o que seria a minha primeira fuga. Estavam acontecendo algumas coisas. Em primeiro lugar, eu tinha um bom emprego e uma renda estável. Eu achava que podia sustentar minhas filhas. Em segundo lugar, acho que o trabalho na CSIRO, que já tinha alguns anos, ajudou a me compreender melhor e a ter mais autoestima, e eu simplesmente tinha mais coragem de ir embora.

Num fim de semana eu procurei imóveis para alugar em alguns bairros residenciais de Sydney e encontrei uma casa em Wahroonga, que achei que estava dentro das minhas posses. Eu não tinha coragem de simplesmente ir embora sem conversar antes com Jack. Eu esperava ouvir sua famosa frase nessas ocasiões: "Eu vou te dar uma surra." Ele tinha dito isso tantas vezes que acabou se tornando banal, pois perdeu seu poder inicial de me deixar aterrorizada. Mas a ameaça estava sempre no ar. Portanto, quando lhe falei sobre meus planos de me mudar, ele apenas disse algo vago como tirar as meninas da cidade. Naquela época não era raro as pessoas saírem bêbadas do *pub* local e vomitar na frente da nossa casa, portanto, era razoável presumir que seria bom levar as meninas para um bairro mais afastado. Meu coração batia forte quando lhe contei, esperando que ele começasse a berrar, me bater ou me empurrar. Mas, em vez disso, ele simplesmente assentiu com a cabeça, dizendo que assim teria mais tempo e espaço para seus projetos.

– Mas, obviamente, meu nome precisa constar do contrato de locação – disse ele. – Como seu marido.

Então era uma espécie de fuga, mas eu ainda estaria ligada a Jack. Eu tinha tanto medo da sua violência que quando nos mudamos para Wahroonga eu continuei pagando o financiamento da casa de Surry Hills, bem como o aluguel da nova casa. Eu fazia qualquer coisa para manter a paz. O orçamento continuava apertado, mas pelo menos eu e as meninas estávamos vivendo em relativa harmonia. Eu até deixei de usar minha aliança de casamento, e isso foi incrivelmente libertador.

Logo depois que nos mudamos, no início da década de 1980, eu estava na minha mesa, que ficava ao lado do escritório do meu chefe, quando o ouvi fazer um telefonema interessante. Ken começou a falar com alguém sobre uma missão espacial exploratória, que incluiria visitas às mais importantes instalações de pesquisas espaciais do mundo. Com sua formação em exploração espacial, Ken achava que a Austrália precisava de um setor espacial adequado com metas claras e baseado em algumas de nossas excelentes pesquisas em áreas como sensoriamento remoto.

– Você quer vir? Eu gostaria muito de contar com a sua colaboração – disse ele ao seu interlocutor, que descobri que era um homem.

Quando Ken desligou o telefone, fui até seu escritório e disse que não pude deixar de ouvir a conversa.

– É uma oportunidade fantástica – disse ele.

– Por que você não me perguntou se eu queria ir? – questionei. Essa me parecia uma escolha lógica, tendo em vista que eu era sua assistente científica e estava interessadíssima em nossas pesquisas sobre sensoriamento remoto.

– Você? – disse ele perplexo e meio envergonhado. – Mas você tem filhos...

Eu poderia ter dito que muitos homens que trabalhavam na CSIRO também tinham filhos, mas isso nunca era levado em consideração quando eles eram convidados para algum cargo ou solicitados a fazer alguma viagem. Em vez disso, eu disse: – Bem, isso é problema meu.

E foi assim que consegui um lugar na missão exploratória espacial, embora esse fosse apenas o primeiro obstáculo machista com que me deparei na viagem.

Embora meus planos fossem contratar uma babá durante o período da viagem, Jack insistiu em se mudar para a nossa casa de Wahroonga enquanto eu estivesse fora e cuidar das próprias filhas. Ainda com muito medo de contrariá-lo, concordei porque simplesmente achei que não tinha escolha. Jack nunca batia nas meninas, mas não fiquei totalmente tranquila com aquela proposta. Porém, como disse Jack, ele era o pai, e não uma pessoa estranha. Pelo menos elas o conheciam. Graças a Deus, parece que foi tudo bem enquanto eu estava fora, embora Ianthe tenha ficado profundamente infeliz e a única coisa que a consolava era uma espécie de "calendário do advento" que fiz para ela. Todos os dias, enquanto eu estava fora, ela podia abrir uma portinha quadrada numa grande folha de papelão, atrás da qual eu tinha feito um pequeno desenho para ela. Até hoje ela diz que isso a ajudou durante aquelas oito semanas em que estive fora, e que gostaria muito de ter guardado o calendário.

Quando cheguei em casa, Jack voltou imediatamente para Surry Hills para trabalhar em seus projetos. Oito semanas foi tempo suficiente para passar com as filhas e ele estava pronto para ter sua privacidade de volta e retomar sua solidão – e nós estávamos prontas para ficar livres da sensação de que estávamos pisando em ovos, esperando que acontecesse algum tipo de explosão.

A viagem foi fascinante. Fomos a quase todas as agências espaciais do mundo: NASA; NASDA, no Japão; Agência Espacial Francesa; Agência

Espacial Italiana; SPAR Aerospace, no Canadá; Agência Espacial do Reino Unido; e a várias empresas associadas ao setor aeroespacial.

Na nossa breve estadia em Londres para visitar a British Aerospace, eu pude ficar com meus pais durante alguns dias, enquanto Ken ficou num hotel nas proximidades. Quando Ken foi me apanhar de táxi para irmos à nossa primeira reunião, ele veio acompanhado de um alto executivo da empresa aeroespacial australiana.

– Oi, Christine – disse Ken.

– Oi – respondi.

O alto executivo não se dirigiu a mim diretamente. Ele apenas disse a Ken. – Quem é a mocinha no banco de trás?

– Ken me apresentou àquele homem como sua assistente científica sênior e eu disse olá.

O executivo resmungou alguma coisa para mim sobre o ombro, mal me olhando. Fiquei calada, mas furiosa, e pensei: Você me paga!

Aquela era exatamente a motivação que eu precisava para fazer o melhor trabalho que estivesse ao meu alcance. Eu tomava notas detalhadas e as revisava todas as noites, e fazia todas as perguntas que podia imaginar, estabelecendo conexões entre as agências com todas as informações que meu cérebro havia absorvido. Em todo centro espacial que visitávamos as pessoas ficavam impressionadas comigo, pois eu fazia perguntas bastante complexas e lembrava detalhes sobre projetos de outros países. Eu estava me tornando uma autoridade australiana em pesquisas aeroespaciais. Estava provando para todo mundo, inclusive para mim mesma, que eu merecia fazer parte da equipe, apesar de ser mulher num ambiente dominado por homens. É um sentimento parecido com o que tenho como portadora de demência. Todo erro que cometo, sei que as pessoas atribuem à minha doença, assim como elas costumavam atribuir qualquer erro que eu cometesse ao fato de eu ser mulher, portanto, não posso me dar ao luxo de cometer nenhum erro. Acho que foi essa determinação de superar todas as dificuldades que me ajudou a ser tão bem-sucedida naquela época, e é ela também que está por trás da minha capacidade de conviver tão bem com a demência.

Ken me pediu para escrever um estudo de viabilidade sobre a possibilidade de a CSIRO reunir diversas áreas de pesquisa, e também ajudar no desenvolvimento do setor aeroespacial. O estudo foi enviado para o executivo da CSIRO, que nomeou Ken diretor de um novo escritório para tocar esse projeto. Em 1985, nós abrimos o COSSA – Escritório de Ciência e Aplicações Espaciais da CSIRO (*Office of Space Science and Applications*). Eu me tornei gerente de política e planejamento de pesquisas desse escritório. Anos mais tarde, Ken escreveu uma carta de referência para o meu próximo emprego, que continha a seguinte frase: "No início de 1984, [Christine] não sabia absolutamente nada sobre o Espaço. No final deste ano, tive de admitir que, em muitas áreas, seus conhecimentos superaram os meus acumulados ao longo de vinte e cinco anos."

Foi uma época verdadeiramente empolgante – meu cérebro absorvia rapidamente os conceitos de pesquisas da CSIRO como um todo e bolava maneiras pelas quais esses conceitos poderiam interagir e ser aplicados à ciência espacial. Eu defendi a ideia de que o COSSA assumisse a operação de aeronave de pesquisa da CSIRO, pois ela se tornaria uma importante plataforma de pesquisa para o desenvolvimento de instrumentos que mais tarde seriam enviados ao espaço. Eu presentava a CSIRO em congressos nacionais e internacionais e negociava acordos e contratos internacionais. Era um trabalho e tanto e eu me sentia totalmente motivada e desafiada. Mas isso causaria um pouco de transtorno para a nossa família, pois decidi que a sede do COSSA deveria ser em Camberra, para que pudesse exercer influência sobre as políticas governamentais.

Num fim de semana, fui para a capital procurar uma casa para alugar para minhas filhas e eu. Jack foi comigo e insistiu novamente em assinar o contrato de locação junto comigo. Éramos só nós dois, então passamos uma noite lá, num hotel modesto. Tivemos um fim de semana razoavelmente bom – engraçado como havia menos tensão entre nós, agora que não morávamos mais juntos. Encontramos uma casa apropriada e conseguimos alugar. Eu estava feliz e animada com a mudança para Camberra. Jack não se importava que fôssemos para lá, desde que ainda estivesse ligado a nós ao ter seu nome no contrato de locação e eu continuasse a pagar todas as suas despesas enquanto ele morasse em Sydney.

Mas quando retornamos ao hotel, naquela noite, Jack insistiu para que tivéssemos uma relação sexual. Nós tínhamos estado tão distantes e eu não o amava mais, mas achei que seria bom ser abraçada e ter algum contato humano íntimo. "Felizmente", pensei, "ainda estou tomando anticoncepcional".

Mas, de alguma maneira, fiquei grávida outra vez. Uma única noite, num hotel. Só posso concluir que Deus queria que, de uma maneira ou de outra, minha adorável caçulinha, Micheline, viesse ao mundo. E, obviamente, estou muito feliz de que isso tenha acontecido.

Eu estava vivendo como uma mãe separada e empobrecida que pagava o aluguel da casa de Camberra, pagava para cuidarem do bebê e também atividades extracurriculares para as duas mais velhas depois da escola. E eu ainda pagava o financiamento da casa onde Jack morava em Surry Hills. Não sobrava muita coisa para pagar nossas modestas despesas. Minhas filhas jantavam todos os dias, mas, às vezes, não havia o suficiente para mim. Todas as minhas roupas eram de segunda mão. Eu não conseguia ver o fim do túnel daquela vida miserável, por isso telefonei para Jack e disse que a situação era insustentável. Eu achava que tinha duas opções: viver infeliz ao lado de Jack ou viver na pobreza sem ele. Nunca cogitei uma terceira opção, pois ainda tinha muito medo de deixá-lo totalmente. Levou anos para que eu percebesse com clareza do que exatamente eu tinha medo, mas, na época, nem aventei a hipótese de seguir meu próprio caminho. Eu disse a mim mesma que tudo seria diferente. Jack podia ajudar a tomar conta do bebê. Eu tinha um bom emprego e não trabalharia mais em casa, portanto, não nos veríamos muito. Vendemos a casa de Surry Hills e demos entrada no pedido de financiamento de uma nova casa em Camberra. Eu disse a mim mesma que a vida com Jack seria melhor daquela vez.

Mas foi pior.

Jack tinha ideias estranhas, e havia se tornado bastante paranoico. Ele morava conosco, mas era como se ele fosse um hóspede excêntrico. Ele não tinha nada em comum nem com as meninas nem comigo. Às vezes fazíamos as refeições juntos, de vez em quando ele preparava refeições básicas, como salsichas ou iscas de peixe. Mas ninguém conversava quando Jack estava falando. Além disso, eu nunca recebia amigos em casa – nem minhas filhas.

Era eu também que assistia às práticas esportivas das meninas nos finais de semana, que preparava quase todas as refeições, que fazia todo o serviço de casa e que ganhava a maior parte da renda familiar. De vez em quando Jack arrumava um emprego, mas nunca durava muito tempo. E ele continuava genioso. Às vezes eu falava alguma coisa que o fazia perder as estribeiras, e ele me batia. Mas isso não era o pior. O pior era minha linda e impetuosa Ianthe, que não tinha medo, não ficava intimidada como eu. À medida que crescia, ela o enfrentava cada vez mais. Quando Ianthe tinha dez ou onze anos, se o pai gritasse com ela, ela também gritava com ele. E continuava gritando até apanhar. Às vezes eu ficava entre os dois, desafiando-o a bater, gritando para ele parar.

Eu ficava lá, parada, olhando para os dois, esperando que Ianthe corresse ou que acontecesse o impossível: que Jack desistisse. Mas o final era invariavelmente o mesmo: ele batia nela ou a empurrava, Ianthe gritava, corria feito louca para o seu quarto e batia a porta.

Depois eu sempre ia ao quarto de Ianthe, abraçava-a, acariciava seu cabelo, pedia desculpas baixinho e implorava para que ela simplesmente evitasse essa situação, assim como eu fazia na maior parte do tempo. Mas faz parte da natureza dela não tolerar injustiça e defender os mais fracos dos mais fortes. É uma de suas maiores qualidades, como eu poderia pedir para ela mudar isso? Eu estava tão cega por anos de medo, preocupação e baixa autoestima que achava honestamente que só tínhamos um recurso com Jack: evitá-lo o máximo possível. Eu conversava com Ianthe, tentava fazer com que ela pensasse em coisas mais alegres, qualquer coisa que nos ajudasse a esquecer o que havia acabado de acontecer.

Uma vez, quando Rhiannon já era mais velha, Jack a chutou por uma bobagem qualquer. Foi horrível. Até onde sei, Micheline escapou de qualquer violência, embora também fosse vítima do gênio ruim e dos gritos do pai. Passei muito tempo consolando minhas filhas em seus quartos e evitando o máximo possível a sala.

Não era uma violência metódica e sistemática. Ele sempre agia de cabeça quente. Começava, sistematicamente, com alguma coisa que parecia insignificante para mim, e muitas vezes eu não tinha ideia do que realmente havia principiado a situação. Isso é o que tornava tudo mais difícil – esses episódios eram sempre um grande choque. Estava muito errado, eu não deveria ter suportado aquele abuso. Ainda carrego uma culpa imensa por não ter pegado minhas filhas e deixado Jack antes.

Uma das coisas que eu fazia para ajudar a suportar aquela vida doméstica horrível era pegar as meninas e sair sempre que podia. Aos sábados e domingos eu costumava colocá-las no carro e dirigir a esmo. Em geral voltávamos à noite.

Na maioria das vezes passávamos o dia em Brindabella Ranges, fazíamos piquenique e caminhávamos pela mata. Durante as férias escolares, sempre que podia eu tirava uns dias de folga para ficar um pouco com as meninas. Num fim de semana, no comecinho das férias, quando Micheline tinha cerca de um ano de idade, as coisas estavam muito ruins em casa. Jack estava furioso e instável. Coloquei as três no minúsculo Mazda 323 com a intenção de ficar fora alguns dias. Eu não sabia direito para onde estávamos indo, e fiquei imaginando como seria nunca mais voltar. Foi libertador. Ficamos fora duas semanas. Visitamos o zoológico Western Plains, em Dubbo, ficamos em *campings*, depois rumamos para o norte, passamos por Cobar e fomos até a fronteira com Queensland. Rodamos por estradas de cascalho e uma vez nos perdemos em New South Wales. Uma noite dormimos num *camping* bastante afastado e vimos um bando de caçadores de canguru voltando pela manhã com suas caças amarradas na caçamba de suas caminhonetes. Foi uma verdadeira aventura, que afastou nossos sentimentos de angústia, medo e opressão. A viagem de volta foi longa. Fiz o melhor que pude para criar memórias familiares felizes para minhas filhas, para compensar as memórias ruins que estavam sendo impressas em nossa casa.

O comportamento de Jack era estranho e delirante. É difícil descrever, pois a maior parte do tempo ele parecia são, mas eu sabia que alguma coisa estava errada. Quando penso no passado, percebo que provavelmente ele tinha alguma doença mental. Mas, mesmo se eu tivesse identificado esse problema naquela época, eu não teria condições de lidar com isso. O meu próprio estado mental era frágil e eu gastava toda a minha energia cuidando das meninas e mantendo meu emprego.

Num domingo, quando eu e as meninas voltávamos para casa depois de mais uma viagem, ouvi uma notícia no rádio sobre o envio de equipes especializadas em acidentes com materiais perigosos para uma rua de um bairro residencial. Aparentemente, alguém havia encontrado material radiativo no quintal de uma casa. Fiquei imediatamente apreensiva, tive uma sensação de que tinha alguma coisa a ver com Jack. Dito e feito, quando nos aproximamos da nossa rua vi que ela tinha sido fechada com um cordão pela polícia, pelo corpo de bombeiros e pela equipe especializada, então simplesmente seguimos reto e retardamos a nossa volta por algumas horas. Acontece que Jack tinha encontrado alguns objetos "suspeitos" no quintal e encasquetou que eram radioativos, o que não era verdade. Por isso, chamou a polícia e foi armado um grande circo na nossa rua durante algumas horas.

Assim como em Surry Hills, nós nunca tínhamos convidados para o jantar, e as meninas raramente convidavam colegas da escola. Era vergonhoso e temeroso demais – imprevisível demais. Além disso, estava acontecendo alguma coisa com a minha noção de realidade. Eu estava começando a pensar que essa era uma maneira normal de viver, que a maioria dos homens batia em suas mulheres. Pensando bem, essa era uma estranha convicção, pois meu pai e meus avós eram pessoas muito amáveis. Mas eu tive uma sucessão de namorados grossos e egoístas depois que saí de casa, e talvez eu estivesse tentando convencer a mim mesma de que havia poucas opções melhores ao nosso modo de vida.

Mas eu me sentia profundamente envergonhada da minha vida. Eu achava que era boa em duas coisas: ser mãe e ter uma carreira. Mas em criar uma história familiar estável eu era um fracasso total. Meu cérebro era muito compartimentalizado, entre sobreviver a uma vida doméstica pavorosa e ser libertada por uma carreira desafiadora. Talvez seja por isso que eu consiga dividir o meu cérebro entre o pedacinho que tem a demência e todo o resto que está vivendo a vida em sua plenitude.

CORAGEM PARA IR EMBORA

No fim da década de 1980, o trabalho levou nossa família de volta a Sydney. Eu ainda estava na CSIRO, mas tinha sido promovida a gerente de política de pesquisa, planejamento e desenvolvimento de mercado do *Institute of Minerals, Energy and Construction* (Instituto de Minerais, Energia e Construção). Não sei ao certo como as meninas lidavam com essas mudanças de casa, escola e creche de tantos em tantos anos, mas talvez isso as tenha tornado ainda mais resilientes do que já eram diante da nossa difícil vida doméstica. Pode ser que essas reviravoltas constantes, de alguma forma, também tenham feito com que meu cérebro conseguisse enfrentar as mudanças e sobreviver a despeito de todas as circunstâncias.

Porém, hoje percebo que com trinta e poucos anos surgiram os primeiros sinais de que nem tudo estava bem com meu cérebro. Eu tinha de fazer deslocamentos regulares de carro entre os laboratórios em North Ryde e Lucas Heights, em Sydney, e também para a sede em Camberra. No começo era moleza, mas depois de mais ou menos um ano eu chegava ao portão do nosso próprio complexo de laboratórios e tentava me lembrar onde é que tinha de virar para seguir meu trajeto. Lembro-me de que um dia parei na faixa lateral da avenida, no meio de Sydney, totalmente confusa e sem saber como ir para Lucas Heights. Obviamente, naquela época, a última coisa que passaria pela minha cabeça seria demência. Que mulher com menos de quarenta anos veria nisso um sinal de demência? É claro que devia ser apenas estresse ou coisas demais em que pensar.

Quando voltamos para Sydney, fizemos ótimos amigos nas escolas das meninas. Durante algum tempo Ianthe tinha ficado muito aflita e solitária. Ela até tentou fugir na noite em que deveríamos nos mudar de

Camberra para Sydney – felizmente consegui encontrá-la na casa de uma de suas amigas. Mas em Sydney, quando tinha treze ou quatorze anos, ela fez algumas amizades cristãs na escola e começou a frequentar a igreja e a estudar a Bíblia. Isso a deixou muito feliz, a religião trouxe a alegria que estava faltando em sua vida. Um dia, ela me falou sobre seu relacionamento com Deus: "Até que enfim encontrei um pai de verdade!" Fiquei imensamente feliz em ver que Ianthe havia encontrado um significado em sua vida, mas, ao mesmo tempo, sentia-me culpada por ela não achar que tinha um bom pai, um pai confiável de carne e osso, embora soubesse que ela estava certa.

Ianthe parecia felicíssima e cheia de energia, cobria todos os seus livros com adesivos de "Deus me ama" e sempre que podia estudava a Bíblia. Eu achava um pouco exagerado, mas estava muito satisfeita, pois ela finalmente tinha um grupo sólido de amigos e mais autoestima, e eu não ia desestimular isso.

Apesar de ser uma cientista com mente racional, eu sempre me senti atraída pela vida espiritual. Sempre estive em busca de algo, embora nunca tenha encontrado nada que funcionasse para mim. Minha avó materna tinha sido bastante devota, mas é preciso ter certo temperamento para adotar o modo de vida calvinista sóbrio e rigoroso, e isso nunca exerceu nenhum apelo sobre mim. No final da adolescência, passei algum tempo me informando sobre as Testemunhas de Jeová, mas isso também definitivamente não era para mim. Com vinte anos e poucos anos, experimentei ioga, maconha (lembre-se de que eu morava em Amsterdã) e budismo, e li livros sobre existencialismo, mas não me apeguei a nada disso. Porém, alguns anos depois que Ianthe iniciou sua jornada cristã, uma colega de trabalho me deu uma Bíblia.

Karen era minha secretária na CSIRO, em Sydney, no final da década de 1980. Ela tinha sido enviada por uma agência de trabalho temporário – era horticultora, uma profissão que havia aprendido na TAFE, escola profissionalizante australiana. Ela trabalhava com jardinagem no verão e como secretária no inverno. Depois de duas semanas trabalhando comigo, pedimos que ficasse mais uma semana e ela se mostrou bastante relutante.

– Está bem – disse ela. – Mas só uma semana.

Mas depois daquela semana eu a conquistei, e quando lhe pedimos para ficar mais alguns meses ela concordou. Mais tarde, ela me disse que no início havia relutado porque eu era exigentíssima. Eu não sabia disso. Eu trabalhava com afinco porque esse era o meu jeito e porque eu adorava todos os aspectos do meu trabalho. Meu cérebro estava sempre ávido por dados, informações, pesquisas, por possíveis oportunidades de colaboração em pesquisas e por novas ideias. E tudo o que esse pequeno cérebro faminto aprendia, ele arquivava com segurança, acumulando uma quantidade enorme de possibilidades de análise, que eu conseguia correlacionar e utilizar sempre que precisava. Era como um imenso arquivo bem organizado. Esse cérebro, que se expandia cada vez mais, realmente exigia bastante de si mesmo e das outras pessoas.

Hoje eu tenho consciência de que exigia muito da minha equipe. Eu achava que as pessoas precisavam ser pressionadas, que só saberiam quais eram seus limites quando tentassem superá-los. E eu queria que as pessoas que trabalhassem para mim aprendessem alguma coisa, para quando mudassem de emprego conseguissem uma colocação melhor graças ao que haviam aprendido. Acho que hoje em dia isso se chama "mentoria", mas com um nível menor de exigência. Eu e minha equipe tínhamos uma longa e árdua jornada de trabalho, e pouquíssimo tempo para conversar sobre amenidades.

Eu precisava de uma secretária extremamente organizada e dedicada ao trabalho. No início Karen achava que não estava à altura do emprego, mas, na minha opinião, ela estava indo muito bem. Aos poucos, com o passar dos meses, Karen começou a gostar do trabalho; ela parecia gostar de ser pressionada e também de dar sugestões para me ajudar a lidar com a carga de trabalho, pois eu era sempre muito receptiva a inovações.

Hoje sei que às vezes eu era uma chefe muito rígida. Karen me lembrou de quando reservou um hotel para mim em Camberra. Eu liguei para ela, irritada, reclamando que o quarto que ela havia reservado não tinha mesa de trabalho. Mas Karen era franca e honesta, e acho que a sua personalidade batia muito bem com a minha, pois logo nos tornamos amigas.

Karen estava bastante à vontade com a sua religião, o cristianismo. Ela não era o tipo de pessoa que eu tinha estereotipado na minha cabeça como "cristã". Não parecia submissa, não usava *twin set* e colar de pérolas, tinha um senso de humor afiado e uma grande gama de interesses, e nós nos dávamos muito bem. Às vezes almoçávamos juntas, e criamos laços estreitos que duram até hoje. Karen era descendente de holandeses e um dia, no almoço, me viu comer um sanduíche com garfo e faca. Ela logo percebeu que eu também tinha ascendência holandesa – os holandeses comem tudo com talheres, até pão.

Karen também ficou amiga das minhas filhas, que costumavam telefonar e pedir para falar comigo, especialmente Ianthe. Era Karen que, na minha ausência, fazia com que as meninas tivessem uma lista com os números de telefone dos lugares onde eu estaria, para que elas pudessem afixar na porta da geladeira.

Em 1989, fui convidada a me candidatar ao cargo de subsecretária do Departamento do Primeiro-Ministro e seu Gabinete (Department of the Prime Minister and Cabinet), para chefiar a divisão de ciências. Como eu disse, era bastante inusitado ser assessora para assuntos de ciências do diretor na CSIRO sem um diploma de doutorado, mas era ainda mais improvável ascender profissionalmente na CSIRO, galgar postos importantes na organização sem ser PhD. Por esse motivo, eu estava de olho num emprego em um órgão governamental. Eu vinha juntando coragem para me candidatar a um cargo muito inferior, talvez no departamento de recursos. Portanto, ser aconselhada a me candidatar a esse cargo burocrático do alto escalão, e depois ser aceita, me deixou eufórica e elevou muito a minha autoestima, e também levou nossa família, mais uma vez, para Camberra

Eu adorava o meu trabalho. Eu usava todo o meu conhecimento e minha experiência para aconselhar o primeiro-ministro e o ministro da ciência sobre todos os assuntos referentes a ciências e tecnologia na Austrália. Eu me sentia como se fosse uma máquina de aprender, aprender para compartilhar com outras pessoas novas possibilidades, e sonhava com novos futuros. Minha cabeça fervilhava de ideias, conceitos laterais e desafios. Trabalhei durante os governos consecutivos de Bob Hawke e Paul Keating, e foi um período fascinante. A minha secretaria trabalhava com políticas sobre mudanças climáticas, com a recém-chegada internet (a "supervia da informação"), lixo nuclear, nanotecnologia e tudo o mais – incluindo até mesmo conceitos, do tipo "quem detém a propriedade das informações genéticas da Austrália".

Mas naquela época eu tinha outras coisas em mente, além do meu novo trabalho. Num almoço de despedida em Sydney, Karen havia me dado dois presentes: uma barra de chocolate lindamente embrulhada, que ela chamou de "alimento para o corpo" (todo mundo no trabalho sabia que eu era louca por chocolate – algo que eu atribuía à minha herança belga) e um livro também lindamente embrulhado que ela chamou de "alimento para a alma". O livro, obviamente, era uma Bíblia. Eu fiquei um pouco perplexa e até mesmo um pouco embaraçada. Eu disse: "Que gentil, obrigada", e coloquei o livro de lado, pensando que nunca iria abri-lo.

Porém, vencida pela curiosidade e pela velha fome de espiritualidade, eu li a Bíblia e aprendi muito com ela. Logo depois disso eu acompanhei Ianthe à igreja que ela frequentava e fiquei profundamente tocada. Eu havia terminado meu MBA recentemente. Em um dos módulos do curso nós aprendemos que as pessoas têm três partes: a física, a emocional e a espiritual. Eu sabia que uma parte de mim estava faltando, e estava na hora de encontrar essa parte.

Logo depois de voltar para Camberra, eu comecei a procurar uma igreja para frequentar. Eu queria uma igreja com um forte movimento jovem, para minhas filhas terem algum apoio. Foi então que ouvi falar da Saint George, uma igreja anglicana em Pearce. Eles tinham um grande grupo de cerca de 200 duzentos jovens, muitos cursos e cultos. Fui a essa igreja num domingo, sozinha. Foi assustador, eu não estava acostumada com os ritos anglicanos: as pessoas ficavam em pé, sentavam-se e ajoelhavam-se o tempo todo. Eu achava que uma cerimônia terminava depois da chamada saudação da paz. Mas ao meu lado estava sentada uma senhora simpática e gentil chamada Barb, que me ensinou o que fazer. Depois do culto ela me perguntou se eu gostaria de voltar outras vezes. Eu disse que sim, e ela me telefonou ao longo da semana para me incentivar.

Pouco tempo depois eu estava frequentando a igreja regularmente, e foi assim que me tornei o que chamo de "anglicana acidental". Comecei a fazer um curso chamado Cristianismo Explicado, onde fiz muitas amizades. Depois disso eu estava pronta para ser confirmada como membro da comunidade anglicana. Fui confirmada junto com uma mulher chamada Leanne, que se tornou uma grande amiga.

Leanne era muito bonita, seu cabelo grisalho de corte assimétrico e com uma mecha roxa era incrível. E ela sempre usava roupas extravagantes e coloridas. Apesar de ser caixa de banco, tinha vocação artística e trabalhava com cerâmica nas horas vagas. Eu adorava sua maneira aberta e honesta. Nas noites de sexta-feira, costumávamos deixar nossos filhos no grupo de jovens e jantar numa cantina italiana para falar sobre a nossa semana.

Essa foi uma mudança e tanto na minha vida: finalmente eu tinha amigos com quem podia contar, que se importavam comigo. Aos poucos, fui atraída pelo carinho daquela comunidade e pelo amor de Deus. Fazer parte desta igreja contribuiu muito para o meu desenvolvimento pessoal. Comecei a amadurecer e a alimentar o meu lado emocional e espiritual. Eu sentia que, de alguma maneira, estava começando a voltar às minhas raízes, aos sentimentos da época em que morava na Bélgica e na Inglaterra com minha mãe, meu pai e meus avós. Acho que fazer parte de uma família acolhedora da igreja representou um grande passo para que eu tomasse a coragem que precisava para finalmente pegar minhas filhas e deixar Jack.

Em pouco tempo eu entrei para um grupo de estudos bíblicos. Éramos seis pessoas que nos reuníamos toda semana na casa de um dos casais do grupo: Peter e Pam. Eles nos recebiam carinhosamente em sua casa, onde discutíamos passagens da Bíblia. Além disso, batíamos papo, falávamos sobre a semana que passou e ríamos dos altos e baixos da vida. Era algo tão normal, tão diferente da minha absoluta determinação no trabalho e da minha sobrevivência em casa!

Foi no estudo bíblico que pensei pela primeira vez em contar a alguém que Jack me batia. Mas lembro-me muito bem de que tive medo de falar sobre isso porque havia homens no grupo, e eu temia que minha história fosse comum entre os casais. Meu maior medo era dizer a alguém que eu era infeliz em casa, que meu marido sempre gritava comigo e às vezes me batia e ouvir: "E daí? Isso é normal." Principalmente num ambiente cristão, eu estava preocupada que me dissessem que era um desígnio de Deus que eu tentasse manter minha família unida a qualquer custo. Eu achava que seria julgada e acabaria sendo excluída desse meu novo núcleo. Acabei não contando minha história naquela época, mas estava me preparando para isso.

No final, Karen foi a primeira pessoa a quem contei. Ela e seu marido, Roger, estavam de férias – eles costumavam acampar e estavam planejando ir de Sydney para Camberra e acampar no nosso quintal. Eu adorei a ideia e agendei a viagem para um fim de semana em que Jack iria esquiar. No entanto, eu não me lembro por que Jack cancelou a viagem nas vésperas desse fim de semana e Karen e Roger ficaram conosco enquanto ele estava em casa, uma situação que em geral eu evitava.

Eles insistiram em armar a barraca no quintal, em vez de ficar dentro de casa conosco. Uma noite, depois que tínhamos jantado todos juntos, Micheline, que tinha por volta de cinco anos de idade, pediu para ver a barraca de Karen, pois tinha ficado fascinada com a iluminação interna. Eis o que aconteceu em seguida, seguindo o relato de Karen:

– Karen – disse Micheline. O seu pai te bate?

– Meu pai? Ah, você quer dizer Roger? – perguntou Karen.

– É. Ele te bate?

– Não – respondeu Karen – ele nunca me bate. O seu pai bate na sua mãe?

– Bate – respondeu Micheline.

Micheline tem uma lembrança diferente dessa conversa. Ela se lembra de que perguntou a Karen se os "pais" geralmente batiam nas "mães". Seja lá como for, a pergunta inocente, porém de partir o coração da minha filha de cinco anos, teve consequências de longo alcance. Essa foi a primeira vez que Karen percebeu o que acontecia na minha casa, e algumas peças se encaixavam. Ela logo se lembrou de quando fui trabalhar com um hematoma no rosto, e da vez em que eu estava mancando, e começou a se perguntar se não era Jack que tinha feito isso. Ela também achou Jack bastante dominador na mesa de jantar mais cedo naquela noite.

Naquela época, Rhiannon alugava cavalos em estábulos de um bairro próximo. Ela sempre foi louca por cavalos, e, em vez de fazer balé ou jogar críquete, ela elegeu a equitação como seu esporte. É difícil descrever a paixão de Rhiannon por cavalos – era tão importante para ela que sempre dávamos um jeito de arrumar o dinheiro. Às vezes meu pai ajudava com as despesas, e quando ela ficou mais velha arrumou um emprego de meio período no McDonald's para ajudar a custear seu esporte. Mais tarde, naquela mesma noite, Karen foi comigo de carro levar Rhiannon para limpar as baias. Nós esperamos no carro enquanto Rhiannon fazia seu trabalho.

– Há quanto tempo Jack te bate? – perguntou Karen, sem cerimônia.

Eu não me contive. Chorei durante muito tempo e contei toda a história à minha amiga. Eu lhe disse que estava muito envergonhada, que achava que provavelmente a culpa era minha, pois discutia com ele. Eu disse também que pensava que não havia escolha e que tinha medo de deixá-lo.

– Isso é um absurdo! – disse Karen. – Você não tem culpa nenhuma. Ele está fazendo você acreditar nisso. Todas as mulheres que apanham do marido acham que é culpa delas, mas são os maridos que as fazem acreditar nisso. Como é que a culpa poderia ser sua? Você não pode forçar alguém a agredir fisicamente outra pessoa. É ele!

Ela tinha toda essa percepção sobre violência doméstica que eu não tinha. Eu não sabia que era um fato e que outras mulheres estavam na mesma situação que a minha. Que todas nós éramos levadas a nos sentir inúteis e a ter medo dos nossos maridos e que essa era, em parte, a razão pela qual não os deixávamos. Isso foi antes da Campanha do Laço Branco, antes da conscientização sobre o problema da violência doméstica.

– Como você sabe disso? – perguntei a Karen, que de repente me pareceu uma especialista em algo no qual eu me sentia uma ignorante.

– Por que eu leio a *Womens's Weekly* e você lê a *Scientific America* – respondeu ela, com sua franqueza habitual. Meu cérebro científico estava me cegando para as normas sociais.

Mas o que finalmente precipitou os acontecimentos foi o dano que eu percebi que estava causando à minha filha.

Era 1992, às vésperas do Natal, e eu havia acabado de tirar algumas semanas de folga para ficar com minhas filhas durante as férias escolares. Ianthe estava num acampamento de críquete e voltaria no dia seguinte. Eu estava dormindo profundamente e acordei com minha filha cutucando delicadamente meu braço e sussurrando "Mãe, acorda". Eu olhei o relógio digital na mesa de cabeceira, com os olhos embaçados de sono, e vi que eram por volta de três da manhã. Quando fui com ela até a sala, ela ficou lá, em pé, olhando para mim com olhos aterrorizados, as mangas compridas cobrindo as ataduras de um dos braços. Uma amiga do acampamento estava ao lado dela. Essa amiga querida e leal tinha se recusado a ir embora até que Ianthe me contasse o que havia acontecido no acampamento, que foi o seguinte: Ianthe havia sido encontrada inconsciente em seu quarto, com grandes cortes no pulso, e tinha sido levada ao hospital.

Eu agradeci sua amiga e a levei para casa, depois voltei para conversar com minha linda filha. Fiquei chocada, horrorizada e extremamente preocupada. Eu queria falar com ela com calma. Conversamos por uma hora; tentei compreender os relatos de infelicidade de Ianthe e lhe disse que também tinha me sentido no fundo do poço quando era mais nova. Depois fomos dormir e combinamos de conversar novamente no dia seguinte.

Encontramos um psicólogo para Ianthe, e nós duas combinamos de não contar ao pai dela sobre isso, pois eu tinha certeza de que ele faria pouco caso ou a criticaria de alguma forma. Isso, por si só, deveria ter disparado um alarme no meu cérebro "dividido". O psicólogo pediu para me ver logo depois da primeira sessão com Ianthe.

Foi durante a minha conversa com aquele homem amável e lógico, que mais tarde eu descobri que era também um ministro anglicano ordenado, que finalmente tirei a venda dos olhos. Eu consegui enxergar a minha situação e ao que estava submetendo minha filha ao manter um casamento minado por violência doméstica, medo e isolamento. Foi nessa ocasião também que eu consegui entender pela primeira vez por que não tinha ido embora antes: eu tinha medo de que meu marido me retaliasse. Eu tinha medo de que ele me espancasse ou até mesmo me matasse e também de que machucasse ou matasse minhas filhas se eu o deixasse. Essas eram preocupações reais e válidas de uma mulher que convivia com a violência doméstica. Eram também fruto das ameaças que Jack fazia. Eu nunca tinha nem mesmo insinuado que poderia ir embora um dia, mas ele havia dito mais de uma vez: "Nem pense em me deixar ou eu acabo com vocês."

Foi também nas sessões com o psicólogo que finalmente fui capaz de enxergar que manter esse casamento era igualmente perigoso para minhas filhas; para começo de conversa, eu estava colocando em risco a saúde mental de Ianthe. Eu também estava colocando em risco a integridade física delas, pois ninguém sabia quando ele iria bater em uma de nós novamente ou até mesmo começar a bater na minha caçula. O psicólogo também explicou que minhas filhas correm o risco de estabelecer relacionamentos nocivos e abusivos no futuro se eu continuasse a dar esse mau exemplo de casamento para elas.

Meu próximo passo foi procurar o ministro da minha igreja. Eu lhe telefonei e agendamos um encontro. Depois de me sentir acolhida pela comunidade da igreja, a última coisa que eu queria era fazer alguma coisa que fosse condenável ou que me colocasse no ostracismo. Era muito importante que o ministro entendesse a minha situação e dissesse que eu não estava fazendo nada que fosse contra Deus.

Então, certa noite, fui à casa dele após o jantar. Eu estava muito ansiosa – meu coração batia forte. Ele e a esposa ficaram sentados no sofá ouvindo atentamente minha história em toda a sua feiura. Eu lhes contei tudo: como tinha conhecido Jack, quando haviam começado os episódios de agressão; falei sobre meu isolamento e meu medo e o que tinha acontecido com Ianthe. Eu disse que achava que deveria deixá-lo, mas que precisava saber se essa decisão era compatível com o contexto cristão. Hoje, com a sabedoria da experiência e da maturidade, obviamente eu consigo ver que era a coisa certa a fazer, mesmo sendo cristã, mas naquela época eu estava muito vulnerável. Eu precisava desesperadamente do apoio da igreja, minha nova família, porque se eu deixasse Jack e não tivesse a igreja, eu não teria nada.

O ministro disse que, enquanto eu falava, ele refletia sobre a Bíblia, e a história que mais vinha à cabeça dele era a passagem do Evangelho de São João (8:59): "Então eles pegaram pedras para atirar em Jesus, mas ele se escondeu e saiu do templo." Ele falou pouco, mas orou e disse que ele e a esposa estavam à minha disposição sempre que eu precisasse. Essas foram palavras maravilhosas de apoio!

O que eu entendi é que o ministro estava dizendo que talvez não tivesse problema se eu saísse daquela situação de violência, assim como Jesus tinha feito. Lentamente, com aconselhamento psicológico e apoio do grupo da minha igreja, com minha confiança em meu trabalho e na segurança financeira que ele proporcionava, comecei a perceber que estava na hora de deixar Jack e tirar minhas filhas dessa vida horrorosa.

Em maio de 1993 coloquei no carro Ianthe (dezoito anos), Rhiannon (doze) e Micheline (sete); Buzz, nosso velho gato (dezesseis); e nossos dois periquitos. Saímos da garagem junto com um caminhão de mudança, que levava a parte que nos cabia da casa, rumo ao nosso novo lar.

Tivemos um fim de semana exaustivo. Jack ficou furioso quando soube que íamos deixá-lo. Quando tomei essa decisão agi imediatamente e resolvi só lhe comunicar depois do fato consumado. Senão seria arriscado demais. De modo que na noite em que tomei essa decisão comecei a dormir no quarto de Ianthe, num colchão no chão. Eu não queria passar nem mais uma noite no mesmo quarto que Jack. Ele sabia que eu estava chateada com ele, mas jamais pensou que o deixaria. Mas eu o deixei. Aluguei uma casa em outro bairro e contratei uma empresa de mudanças.

E quando estava tudo feito, eu lhe disse com firmeza e tranquilidade que estávamos indo embora.

Apesar de estar furioso, curiosamente ele não me bateu. Sua fúria logo deu lugar a uma raiva silenciosa que o levou a fazer um inventário de tudo o que possuíamos: cada travesseiro, cada chave de fenda, cada faca e cada garfo, com cada item relacionado a uma quantia em dólar, para garantir que eu só levasse a metade. Eu ainda tenho essa lista obsessiva. Isso significava que eu não conseguiria levar nem camas nem lençóis suficientes para as meninas. Mas, felizmente, pude contar com a ajuda do grupo da igreja, que nos emprestou e doou alguns móveis e roupas de cama. Eu estava particularmente preocupada com a pobre Micheline, que só tinha sete anos. Eu havia feito tudo o que podia para evitar que ela sofresse nas mãos de Jack, mascarando nosso péssimo relacionamento, e por isso ela estava confusa e não entendia direito por que o estávamos abandonando.

Ninguém no meu trabalho, a não ser minha secretária, sabia que estava acontecendo alguma coisa de incomum na minha vida, apenas que eu tinha tirado alguns dias para mudar de casa. Eu ainda fazia de conta que minha vida doméstica era perfeita – queria que todos pensassem que eu era apenas uma profissional dedicada e que nada desviava a minha atenção do trabalho. Provavelmente eu estava um pouco obcecada com a ideia de manter essa personagem, que foi uma das razões pelas quais o ano seguinte tenha sido tão devastador para mim.

O QUE ESTAVA POR VIR

O ano de 1993 foi estressante e cheio de altos, baixos e ansiedade. A melhor parte foi deixar Jack. Nós alugamos uma antiga casa popular. Levou um bom tempo para que o divórcio fosse homologado, e durante um período continuei a pagar o financiamento da casa que tínhamos deixado para trás. Mas apesar de não poder alugar uma casa melhor, foi bastante libertador para todas nós.

Às vezes a gente só repara uma coisa quando ocorre uma mudança, e foi assim que eu percebi que nem as meninas nem eu, na verdade, tínhamos usado a sala de estar antes. Rhiannon, Micheline, Ianthe e eu passávamos quase todo o tempo no quarto. As meninas faziam a lição de casa no quarto, e era lá que eu as ajudava. E eu costumava ler no quarto de uma delas para não ficar perto de Jack. Tínhamos uma vida isolada.

Na casa nova nós passávamos muito tempo na sala, e era uma delícia. Jogávamos baralho, assistíamos TV e fazíamos brincadeiras juntas. Lembro-me de uma noite em que Micheline e Rhiannon nos vestiram, arrumaram nosso cabelo e até puseram uma fita no pelo do pobre gato. Era uma casa alegre e repleta de risos, um total contraste com a tristeza e a opressão que reinavam na vida com Jack.

Comecei a fazer jardinagem. Nada sério, eu só colocava plantas em vasos e espalhava-os pelo jardim. Como a casa era alugada, eu não fazia nada permanente, mas gostava de enfeitar o jardim com vasos e de ficar em casa. Durante muitos anos minha prioridade nos fins de semana tinha sido tirar as meninas de casa, afastá-las o máximo possível de Jack, por isso eu estava adorando ficar em minha própria casa simplesmente descansando.

Eu tinha um jogo americano novinho em folha, comprado numa liquidação já há algum tempo. Mas como muitas das minhas brigas com

Jack eram por causa de dinheiro, e eu sabia que ele acharia um grande desperdício, eu os escondi para evitar mais uma discussão. Por isso, fiquei empolgadíssima por poder usá-los agora, por causa do que eles significavam. Eu estava livre e podia comprar o que quisesse.

Eu recebia amigos em casa, fazia reuniões de estudos bíblicos e convidava as pessoas para tomar um drinque ou jantar. Eu também encorajava as meninas a convidar as amigas, o que raramente elas faziam quando morávamos com Jack.

De repente, minha casa se tornou um lar novamente, me remetendo ao ambiente acolhedor da casa da minha mãe e do meu avô na Inglaterra, e bomma e bompa em Antuérpia.

Se alguém do escritório tivesse de me levar algum trabalho em casa, eu não ficava nem um pouco constrangida. Ninguém no trabalho sabia da minha vida pessoal, e tenho certeza que ficavam imaginando por que uma funcionária pública do alto escalão morava numa casa popular. Mas isso não me incomodava, não a ponto de estragar a sensação maravilhosa de ter me livrado de Jack. Nós estávamos literalmente nas nuvens, rodeadas de luz e de riso.

O único problema era que minha caçulinha não conseguia entender o que estava acontecendo. Ela queria saber por que não podíamos viver juntos, como uma família normal, por que estávamos tão contentes se seu pai não estava conosco, por que ela só podia vê-lo de vez em quando? E infelizmente, pelo menos para Micheline, Jack não estava muito presente na vida das filhas depois que o deixamos. Ele nunca tinha se interessado de verdade pelas próprias filhas e agora não fazia questão de vê-las. Na maior parte das vezes, o nosso contato se dava por insistência minha, pois eu queria que Micheline continuasse a ver o pai. As outras duas não queriam vê-lo, elas se lembravam muito bem de como ele era. Ianthe, em particular, começou a desabrochar sem o pai em sua vida. Apesar de não ter mantido por muito tempo as sessões de psicoterapia, ela tinha muitas amizades da igreja e dos esportes e passou a brilhar na área acadêmica. Eu fazia o melhor que podia e, de maneira geral, Micheline estava bem, assim como suas irmãs. Eu estava feliz por Jack não ter cumprido suas ameaças de nos fazer mal se o deixássemos, e o meu sentimento era de grande alívio. Portanto, eu achava ótimo que não o víssemos muito.

Em março de 1993, Paul Keating ganhou a eleição federal e nomeou um novo ministro da ciência: Chris Schacht, que substituiu Ross Free. A troca de ministro acarretou mudanças no departamento que afetavam significativamente o meu trabalho.

Eu combinava com Ross Free – tínhamos convicções semelhantes sobre ciências, orçamento e inovação, e ambos queríamos que a ciência fosse uma prioridade nacional. Eu gostava do jeito dele. Ross era amável e atencioso. Ele analisava os prós e os contras das novas ideias. Uma das minhas obrigações era participar das reuniões ministeriais (quando o assunto era ciências) e redigir a ata da reunião. Geralmente eu tinha de trabalhar até tarde da noite, mas quando terminava eu sempre sabia que Ross e seus auxiliares estariam esperando por mim no seu escritório com uma taça de vinho branco, prontos para reverem os resultados das propostas que ele havia feito. Eu me lembro de que uma vez ele começou a expor uma nova ideia que havia tido para a área de ciência, que eu achei que não seria conveniente. Sem saber como responder de forma diplomática, eu disse, hesitante: "Essa seria uma decisão corajosa, ministro."

Ross deu uma sonora gargalhada, lembrando o jeito pomposo do personagem Humphrey Appleby de "Sim, Senhor Ministro", uma série de TV de enorme sucesso na época e que ele adorava assistir. "Pelo que vejo, você não acha que é uma boa ideia, não é?", disse ele, com naturalidade.

Chris Schacht era completamente diferente. Ross era baixo e franzino; Chris era um homenzarrão. Ross era educado e atencioso; Chris era ríspido, determinado e enérgico. Além disso, discordávamos em assuntos de ciências e política. Nós simplesmente não nos dávamos bem.

Um exemplo da nossa discordância, que mencionei em detalhes em meu primeiro livro, era sua opinião de que as divisões de pesca e oceanografia da CSIRO deveriam ser desvinculadas da CSIRO para formar um novo instituto marinho nacional, e de que o instituto de pesquisas nucleares deveria ser incorporado à CSIRO. Eu não concordava com essas propostas, pois não conseguia entender como é que elas poderiam gerar economia ou oferecer mais benefícios para a nação em termos de pesquisas. Eu me preocupava também com o fato de as pesquisas nucleares serem integradas a uma organização geral de pesquisa como a CSIRO, por causa de problemas de segurança, inclusive de segurança nacional. Eu me lembro de que essa questão foi revista várias vezes. Eu me recusava a voltar atrás em minha opinião, pois estava convicta de que a proposta era ruim, assim como muita gente da comunidade científica. Mas o ministro não concordava comigo e, consequentemente, foi um período bastante estressante. Era como se minhas aptidões estivessem sendo colocadas em xeque, e isso estava corroendo a minha autoestima.

Eu também precisei transferir parte do meu pessoal para o departamento dele, e mudar todo o programa que havíamos estabelecido e estávamos administrando. Essa era uma enorme carga de trabalho, além das minhas atribuições normais cotidianas. E teve também o aspecto dos funcionários: alguns sempre tinham pertencido àquele departamento e iam de bicicleta para o trabalho todas as manhãs. De repente, eles teriam de realizar um trajeto muito maior para trabalhar num ambiente ao qual não estavam familiarizados. Eles ficaram muito irritados – e descontavam sua raiva em mim.

Foi por volta dessa época que eu me lembro de ter tido alguns problemas que atribuí ao estresse. Números de telefone, número do plano de saúde, o número da minha carteira de motorista, senhas bancárias, que antes eu sabia de cor, começaram a se embaralhar no meu cérebro. Comecei a me esquecer do nome das pessoas no trabalho. Um exemplo em particular foi quando tive de redigir o plano corporativo e troquei os nomes do chefe da Secretaria de Meio Ambiente e do chefe da Secretaria de Educação. Os dois começavam com a letra "G". Esse é o tipo de gafe que qualquer um cometeria, principalmente alguém que estava sob um nível tão grande de estresse (como alguém que havia acabado de se separar de um marido violento, que estava enfrentando enormes pressões no trabalho, que tinha um trabalho tão difícil e que criava três filhas sozinha). Mas a verdade é que eu nunca tinha tido esses problemas antes.

Uma característica que sempre havia me distinguido no trabalho era a minha capacidade de me lembrar de nomes, números, áreas de pesquisa e as histórias relacionadas a elas. Ninguém se atrevia a colocar em dúvida nenhum detalhe que eu fornecia. Alguns anos antes eu conseguia me lembrar de detalhes complexos de cada projeto de pesquisa relevante para o meu trabalho. Bastava ouvir um nome que eu falava rapidamente qual era o projeto que aquela pessoa estava tocando e, obviamente, sabia como poderíamos estabelecer um elo com outro projeto de pesquisa em algum outro ponto do país ou com determinada empresa ou setor. Essa era uma qualidade inestimável. Mas de repente eu tinha dificuldade até mesmo de me lembrar do nome dos chefes de secretarias. Hoje eu sei que esse foi um dos primeiros sinais de demência. Porém, na época, atribuí o problema ao nível sem precedentes de estresse ao qual eu estava sendo submetida e não refleti sobre isso. Tampouco as outras pessoas.

E mais estresse estava por vir.

Em agosto daquele ano o orçamento federal cortou 45% dos recursos do Conselho Australiano de Ciência e Tecnologia. Com isso, muitas pessoas perderam o emprego e outras tiveram de ser remanejadas para outras áreas do serviço público, e eu tinha de fazer com que tudo funcionasse bem mesmo com o corte no orçamento. Como o conselho era um órgão público, havia uma lei que proibia a participação de servidores públicos na administração do conselho. Por esse motivo, tive de ser formalmente – porém temporariamente – afastada das minhas funções e nomeada secretária do conselho.

Tive de arrumar novas colocações para as pessoas, algumas das quais foram transferidas para a minha divisão no Departamento do Primeiro-Ministro e seu Gabinete. Depois, precisei resolver um problema maior. A participação no conselho era uma posição de prestígio. Os membros eram professores universitários e vice-reitores que se reuniam mensalmente para discutir o futuro da ciência na Austrália em áreas tão diversas quanto educação e indústria naval. O cargo conferia benefícios, inclusive despesas de viagem em primeira classe, que tive de eliminar. Eu não gozava de popularidade entre esses acadêmicos veteranos.

Nós transferimos os funcionários de escritórios independentes para a minha divisão, reduzindo despesas com aluguel. Mas com isso tivemos de encontrar mesas de trabalho para essas pessoas, acomodá-las no nosso departamento e redistribuir as tarefas. As pessoas estavam contrariadas, as coisas estavam mudando. Elas me procuravam indignadas e confusas.

Era uma empreitada monumental, horrível e estressante que me absorvia intensamente. E durante esse período eu não deixei de cuidar das minhas obrigações normais, de acompanhar o trabalho da minha equipe. Eu não conseguia tirar da cabeça que as consequências dessas decisões ministeriais apressadas para as pessoas nunca foram realmente levadas em consideração. E provavelmente ainda não são.

Certa noite, tive de levar Ianthe para dar aula particular de matemática. Eu já havia feito aquele trajeto várias vezes antes, e mesmo assim ela precisou me falar o caminho, onde virar à esquerda, virar à direita ou seguir em frente. Ela parecia aceitar o fato de que eu tinha me esquecido do trajeto desde a última vez. Na volta para casa, porém, naturalmente ela julgou que eu conseguiria encontrar o caminho. Mas fiquei muito perdida, tudo parecia muito diferente no sentido contrário.

– Hum, agora viro à direita ou à esquerda? – Perguntei quando chegamos a uma bifurcação.

Ianthe riu. Ela achou que eu estava só brincando, então disse "À direita", de gozação. Quando eu virei, ela falou: – Mãe, aonde é que você está indo?

Eu fiquei nervosa. – Tenho muita coisa em que pensar – respondi, rispidamente. – Só me fale como faço para ir para casa, eu não consigo me lembrar.

Ela deve ter ficado perplexa, sem entender por que eu não conseguia encontrar o caminho de casa se uma hora antes tínhamos feito o mesmo trajeto, mas em sentido contrário. Mas, logicamente, nenhuma de nós tinha ideia de que o sistema de mapas do meu cérebro havia desaparecido.

Meu mapa cerebral tinha desaparecido até mesmo na hora de percorrer o mesmo trajeto de sempre para deixar as meninas na escola e depois ir para o trabalho. Tudo bem quando eu cometia alguns erros depois de deixá-las na escola, mas elas ficaram bastante alarmadas quando estavam no carro e eu virava na direção errada. Uma vez aconteceu quando eu ainda estava no final da nossa rua, na bifurcação, e dei a seta para a direita. Meu cérebro, outra vez, não conseguia visualizar em que direção eu deveria virar. – Mãe! – exclamou Ianthe – é para virar à esquerda!

Em outras ocasiões eu simplesmente não conseguia reunir energia mental para escolher o que preparar para o jantar. – Decida você – eu dizia para Ianthe. – Eu não consigo.

– Como é que alguém com um trabalho tão importante pode ser tão inútil em casa? – perguntou Ianthe. Esses comentários me magoavam, mas eu dava uma resposta esfarrapada, como ter tido um dia cansativo e estressante no trabalho.

E por que não atribuir tudo isso ao estresse? Tinha muito estresse na minha vida mesmo, portanto parecia uma razão óbvia.

No trabalho eu dependia cada vez mais da minha secretária, Margaret, que elaborava uma agenda diária bastante detalhada para mim com todos os minutos do meu dia. Ainda tenho uma cópia da última agenda que estava usando quando finalmente parei de trabalhar – ela contém reuniões, nomes de pessoas, lugares, tudo com horários bastante apertados. (Eu não me lembro mais nem mesmo das reuniões importantíssimas que eu presidia. O que é que significam aqueles acrônimos? Na época eu devia saber.) Quando estava na hora de sair de uma reunião e passar para a próxima Margaret me avisava, pois ela sabia que eu iria me esquecer. Além de me manter nos trilhos no trabalho, ela se lembrava das coitadas das minhas filhas, que tinham de ser apanhadas na escola após as atividades extracurriculares e levadas para casa ou então para o meu escritório para me esperar quando uma reunião durava até mais tarde. Não sei o que ela achava que acontecia com o meu cérebro, talvez também atribuísse essa situação ao estresse.

E minhas filhas? O que elas achavam? As duas mais novas simplesmente acreditavam que mamãe era assim mesmo. Mas com Ianthe deve ter sido diferente. Tem uma hora na vida da gente em que percebemos que nossos pais não são tão oniscientes quanto sempre pressupomos. Essa é uma parte importante do amadurecimento. Talvez Ianthe estivesse apenas encarando o fato de que sua mãe não era tão antenada como ela sempre havia pensado. Ela sempre tinha me visto com olhos de criança. Agora que estava ficando mais velha começava a me enxergar com olhos de uma jovem adulta. Acho que ela estava supondo que simplesmente não tinha notado antes que, na verdade, eu era um pouco distraída. Mas eu nunca havia sido distraída. Antes de tudo isso, essa seria a descrição menos precisa de mim.

Com trinta e poucos anos eu tinha começado a ter enxaquecas. As crises eram fortíssimas, debilitantes e estafantes, mas só ocorriam mais ou menos de dois em dois meses. Eu achava que era um sinal de que eu deveria "desacelerar" um pouco. Mas agora que eu estava na casa dos quarenta e sob todo aquele estresse no trabalho, as enxaquecas estavam se tornando muito mais frequentes. Eu tinha enxaqueca toda semana. Minha cabeça parecia que estava num torno, e o simples fato de pensar ou falar era penoso. Às vezes a enxaqueca durava de segunda a sábado. Só paracetamol não adiantava, então comecei a tomar analgésicos mais fortes, receitados por minha médica na época. As crises estavam ficando tão terríveis que me deixavam doente, e o medicamento era tão forte que me deixava esgotada e vaga. Mas de alguma maneira eu me arrastava para o trabalho toda manhã, pálida e abatida. Eu não podia simplesmente ficar em casa deitada num quarto escuro, que era tudo o que eu queria, pois tinha muito trabalho para fazer – muitas solicitações do primeiro-ministro e do escritório do ministro da ciência.

Às vezes Micheline ficava chateada, além disso não estava indo bem na escola. Ela ainda não entendia por que tivemos de deixar a nossa casa e o pai dela. Eu estava sendo pressionada por todos os lados, no trabalho e em casa, e tinha dores de cabeça terríveis. De vez em quando eu ficava tão tensa que parecia que não conseguia respirar. Com os problemas constantes com o novo ministro da ciência e todas as mudanças que ocorreram no meu escritório, eu sabia que alguma coisa cederia.

Eu tirei uma longa licença no final do ano. O dinheiro ainda era curto, pois eu estava pagando o aluguel da casa nova, o financiamento do imóvel da família onde Jack morava e os honorários do advogado que cuidava da partilha de bens, mas eu queria desesperadamente ver meus pais, ficar num ambiente de amor familiar e dedicar mais tempo às minhas filhas depois de um ano exaustivo. Então telefonei para meus pais e perguntei se eles poderiam me emprestar o dinheiro para levar as meninas para visitá-los na Inglaterra. Após o divórcio eu teria condições de devolver o valor. Mas papai insistiu em pagar a nossa passagem de avião. Eu quase chorei de alegria; era uma ajuda e tanto. Porém, na mesma época da nossa viagem, Ianthe havia sido escalada para a equipe nacional de críquete e precisava jogar uma partida em Perth. Ficou combinado então que ela ficaria para aproveitar aquela oportunidade fantástica, que ela não queria perder. Portanto, no fim de 1993, eu fui para a Inglaterra com Micheline e Rhiannon.

Cerca de uma semana antes de partirmos, Micheline caiu da cama elástica de uma amiga e teria de viajar com o braço engessado. Mas assim mesmo embarcamos no avião para a Inglaterra. Era um momento especial para as meninas e para mim, estava na hora de reconstruir a nossa relação, de ficar juntas como uma família.

Quando chegamos, papai viu que Micheline estava com o braço engessado. Ele abriu bem seus braços na porta de entrada, carregou-a no colo e fez muita festa. Ele adorou conhecer as netas. Meus pais encheram minhas filhas de amor, especialmente papai. Ele deu um dinheirinho a cada uma de nós, para gastarmos em Londres, e nós fizemos a festa! Rhiannon, que tocava flauta na escola, teve permissão para levar a flauta com ela nos feriados e praticava no andar de cima. Papai adorou, pois amava música. A maneira com que mamãe mostrava seu amor era sempre com comida. Ela preparava um monte de coisas para nós, todas as noites, e ralhava com as meninas quando achava que elas não tinham comido o suficiente. Era maravilhoso ver minhas filhas tão mimadas e amadas, mas eu ficava com o coração partido por elas nunca terem tido esse carinho e esse amor incondicional de uma figura paterna, como eu tive do meu próprio pai.

Eu também levei as meninas para a Bélgica para visitar minha avó. Bomma adorou, achou-as tranquilas e meigas, e as duas meninas curtiram brincar com os brinquedos de madeira e a lojinha que meu falecido avô tinha feito tantos anos antes.

Não me lembro de ter tido muitas dificuldades cognitivas nem de orientação no trânsito naquele período. Como foi uma viagem ao meu passado, talvez isso estivesse impresso no meu cérebro há muito tempo e ainda não tivesse se perdido. Eu me lembrava de todas as ruas e pontos de referência, dirigi normalmente na faixa da direita (na Bélgica) e as casas e as pessoas me eram familiares. Eu não estava aprendendo nada novo, como geralmente fazemos nas férias; em vez disso, eu estava voltando para um lugar seguro e familiar.

Além disso, as enxaquecas deram uma trégua. O único sintoma que tive, se é que tive algum, foi cansaço. Eu estava muito feliz nessa viagem, porém exausta. Depois de um ano tão difícil eu tinha medo de voltar ao trabalho. Mas no fim da viagem eu estava louca para ver Ianthe, que estava longe de nós há seis semanas.

Voltamos para a Austrália via Hong Kong, onde morava minha irmã Denise. Foi maravilhoso rever Denise e Ivor, seu simpaticíssimo marido – ele também foi uma figura paterna amorosa para minhas duas filhas. Denise achou que eu estava precisando de um trato e me levou para dar uma repaginada no visual. Eu cortei o cabelo e comprei algumas roupas. Virei outra pessoa, mas por dentro ainda estava em frangalhos. Eu me sentia como uma concha oca – como se não tivesse nenhuma reserva para pensar, falar ou agir. Eu só queria deitar e dormir.

Quando chegamos em casa e peguei de novo no batente, as enxaquecas voltaram. Eu fiquei tão mal que tomava um monte de analgésicos fortes, comia pouquíssimo para não vomitar e me levantava devagar para não cair. Eu estava pálida, magra, cansada e com uma aparência permanentemente preocupada.

Margaret sempre notava isso e, quando eu parecia particularmente mal, remarcava reuniões e alterava minha agenda de trabalho. Mas eu sabia que tinha de fazer alguma coisa. As férias não tinham adiantado e eu ainda não me dava bem com o ministro de ciências. Achei que talvez estivesse na hora de mudar de emprego, experimentar algo diferente, e que uma mudança de local de trabalho faria bem à minha saúde. Então eu me candidatei a algumas vagas de emprego.

Fui chamada para uma entrevista, e lá fui eu, confiante. Entretanto, achei a entrevista inexplicavelmente difícil. Tive dificuldade de entender as perguntas. Para meu horror, eu perdia o fio da meada no meio da resposta e acabava não chegando a lugar algum. Pela primeira vez na vida não fui contratada imediatamente para um emprego para o qual eu havia me candidatado. Fui dispensada.

Fui chamada para outra entrevista em outra empresa e novamente compareci otimista, ansiosa por corrigir meu desempenho constrangedor anterior. Mas aconteceu a mesma coisa. O entrevistador fez perguntas complexas que tive dificuldade de entender e, outra vez, minhas respostas foram confusas e vagas. O meu cérebro que antes era tão confiável havia me decepcionado. Ainda assim, atribuí o meu desempenho pífio na entrevista às enxaquecas incapacitantes e ao estresse do meu trabalho à época.

Quando recebi uma carta solicitando a minha candidatura ao cargo de pró-reitora, outro cargo de prestígio que havia sido criado na Universidade Nacional da Austrália, eu já tinha perdido toda a autoconfiança e não propus meu nome. Isso era totalmente inusitado para mim e, pensando bem, deveria ter disparado um alarme. Obviamente havia alguma coisa muito errada comigo – e estava no meu cérebro, não no meu corpo. Eu não podia mais pôr toda essa incompetência na conta da exaustão.

A carga de estresse iria aumentar. Micheline foi hospitalizada com apendicite. Rhiannon caiu do cavalo e teve uma concussão cerebral. No fim, ambas ficaram bem, mas era difícil conciliar o meu amor e a minha preocupação por minhas filhas com as enormes exigências do trabalho, sem contar com a ajuda da minha mãe ou de qualquer outro membro da família.

Em setembro de 1994 aconteceram duas coisas que deveriam ter me deixado empolgada. Recebi a Medalha de Serviço Público por serviços extraordinários prestados à ciência e tecnologia, e meu divórcio finalmente foi finalizado. Eu deveria ter ficado felicíssima. Mas tudo o que eu sentia era a minha cabeça latejar e um aperto no estômago. Eu tinha passado o ano todo em meio a uma densa névoa de confusão, dor e tensão. Em dezembro, tirei uma folga de três semanas para ficar com minhas filhas e tentar relaxar. Micheline parecia muito mais assentada; Rhiannon estava feliz, passava todo o tempo livre com seu cavalo; e Ianthe descobriu que tinha sido aceita na Universidade de Fisioterapia de Sydney. Ela ficou felicíssima, todas nós ficamos. Ianthe havia mudado muito desde aquela noite terrível, dois anos antes, em que cortou o pulso e, sem querer, acabou precipitando a nossa difícil decisão de deixar seu pai.

Mas durante aquelas três semanas, que deveriam ser de paz e descanso, eu tive cinco crises fortíssimas de enxaqueca. Por fim, eu percebi que era hora de cuidar de mim mesma, de resolver esse problema para que pudesse curtir a vida, construir minha carreira e passar mais tempo com minhas filhas.

Procurei outra médica e expliquei meu problema. Ela foi bastante compreensiva, pois também tinha sofrido com enxaquecas. Ela começou com uma abordagem prática: pediu que eu fizesse um diário de dor de cabeça, para que pudéssemos ver se a dor estava relacionada com algo externo – alterações hormonais, alimentação, falta de sono ou estresse. A médica também mudou a minha medicação, experimentando diferentes combinações, e falou sobre coisas práticas, como boa alimentação e horas suficientes de sono. Isso foi bom. Eram orientações sensatas e fiquei confiante de que resolveríamos esse problema antes do final do mês.

Mas não foi assim. Em fevereiro eu ainda tinha enxaquecas. Além disso, minha confusão mental e minha recém-descoberta "vagueza" não passavam. Eu ainda atribuía tudo ao estresse e havia adotado uma nova identidade, a da "cientista distraída". Não combinava comigo, mas não tinha outro jeito.

Enquanto isso, agora que o divórcio havia sido consumado, nós começamos a procurar uma casa para comprar. Em março encontramos uma casa geminada modesta e adiantamos a nossa mudança. Poderíamos pendurar alguns quadros, arrumar o jardim e nos sentir realmente em casa.

Eventos importantíssimos estavam por vir, mas felizmente eu não sabia o que o futuro me reservava. Ah, se eu pudesse ter aproveitado mais aqueles últimos meses de bendita ignorância e ter sido feliz, mas qualquer prazer era reduzido pela minha dor de cabeça constante.

Minha médica estava começando a elaborar teorias sobre a causa das minhas enxaquecas, que iam além do estresse. Embora eu não tivesse lhe contado sobre a minha vagueza, meus problemas de memória ou de orientação, ela estava bastante preocupada com minhas dores de cabeça persistentes e pediu um exame de tomografia computadorizada. Acho que ela estava preocupada com a possibilidade de ser um tumor. O exame de tomografia foi tranquilo – só tive de me deitar por alguns momentos enquanto o aparelho girava ao meu redor. Foi uma meia hora de excelente pausa do trabalho, porém breve demais.

Quando os exames ficaram prontos eu abri o envelope com o resultado. Até eu podia ver que não havia nenhum tumor cerebral, mas havia um pouco de atrofia. Havia vários espaços em branco onde deveria ter um cérebro. Meu cérebro parecia uma noz velha, bem enrugada, e não arredondada. Eu deveria ter ficado preocupada, mas me recusei a pensar sobre o assunto. Eu não tentei nem mesmo imaginar o que estaria causando isso. Simplesmente tirei aquelas imagens estranhas da cabeça e coloquei os exames de lado. Nas semanas seguintes eu me dediquei à preparação para a mudança de casa. Devolvi os móveis que tínhamos pegado emprestado, embalei caixas e limpei, limpei e limpei. E eu fiz tudo isso sem tirar folga do trabalho.

Eu adiei o máximo possível o retorno à médica com os resultados do exame. Eu estava enterrando a minha cabeça na areia, fingindo que não havia nada errado. Quando finalmente tirei uma hora para ir à médica e lhe mostrei as tomografias, ela quis que eu fosse imediatamente a um neurologista. Ela marcou uma consulta para aquela mesma tarde.

Durante a consulta, o neurologista testou meus reflexos e perguntou sobre outros sintomas.

– Estou exausta – respondi. – Acho que me isso deixa um pouco vaga, provavelmente é só estresse, não? Tenho enxaquecas terríveis que duram a semana toda. O ano passado foi muito difícil para mim. Eu me divorciei e agora estou prestes a me mudar de casa. Além disso, meu trabalho é muito absorvente e bastante estressante.

Ele franziu a testa e disse: – Defina "vaga".

Pela primeira vez, eu admiti a alguém que andava misturando nomes do trabalho, que minha memória não era mais a mesma, que eu tinha de tomar nota de números de telefone, contas e senhas bancárias, que eu tinha dificuldade de encontrar o caminho quando dirigia e que esquecia o que estava falando no meio da frase – mas, obviamente, repeti, era tudo por causa do estresse. Ele não me deu nenhuma explicação, nem mesmo balançou a cabeça, apenas ficou lendo o laudo tomográfico enquanto eu falava. Em seguida, ele pediu uma ressonância magnética.

No dia 22 de maio de 1995, uma segunda-feira, depois que as meninas e eu nos mudamos para a casa nova, que eu tinha acabado de assinar o financiamento, eu me sentei muda no consultório do neurologista e ele me deu o provável diagnóstico de doença de Alzheimer.

Ele colocou as tomografias no negatoscópio. Ele estava de costas para mim, de modo que eu não podia ver a sua expressão. Mas suas palavras me chocaram: "É provável que seja Alzheimer." Eu tinha 46 anos e não conseguia acreditar naquelas palavras. Era como se a terra tivesse se movido sob meus pés. Meu cérebro havia acabado de ser rotulado e trancado numa caixa chamada demência. Será que algum dia ele voltaria a ser o mesmo?

Acho que o neurologista disse que queria fazer mais alguns exames, mas a minha memória do restante da consulta está nublada. Eu queria voltar para a normalidade, para o trabalho e para casa, mas nunca mais eu teria essa "normalidade". Em vez disso, o meu mundo inteiro estava inclinado no seu eixo.

Eu me sentia anestesiada. Quando não estava anestesiada, eu me sentia doente. O meu passado era uma paisagem marcada por medo, vergonha e culpa e o meu futuro era um buraco negro no qual todo o meu ser seria sugado. Eu tinha muitas perguntas: quem cuidaria das minhas filhas? Quem cuidaria de mim? Será que eu ainda seria eu depois que começasse a perder minha função cerebral? Se não fosse, quem eu seria?

Era um padrão de pensamento circular, que voltava sempre às minhas filhas. Eu achava que os tempos difíceis haviam ficado para trás, que tínhamos sobrevivido e estávamos prontas para um futuro radiante. Mas em vez de uma nova vida na nossa própria casa, o que nos reservava o futuro? Parecia que as coisas iam ficar muito piores, muito piores do que eu jamais teria imaginado.

Um momento péssimo para todas nós foi o fim de semana logo após a mudança. Eu tinha tirado o resto da semana de folga e achei que era importante colocar minhas filhas a par dos acontecimentos o mais rápido possível. Pedi a Ianthe, que estava na universidade, para vir para casa e me ajudar a tentar explicar o problema para suas irmãs. Eu já havia falado com ela sobre o diagnóstico. Até hoje me arrependo da maneira como contei o fato às minhas duas filhas mais novas. Acho que se eu tivesse sido mais delicada, explicado melhor a situação ou tentado protegê-las um pouco da verdade, talvez tivesse sido mais fácil para elas. Mas como poderia ser fácil dizer a duas meninas, uma no ensino fundamental e a outra no início da adolescência, que depois de perder o pai com o divórcio elas iam perder lentamente a mãe para a demência?

Naquele sábado de manhã, nós quatro nos sentamos em volta da mesa da cozinha. Rhiannon e Micheline estavam nervosas, eu havia adiantado que tinha algo importante para falar para elas. Coitadinhas. Eu me lembro apenas vagamente de como lhes contei. Sei que fui direta ao ponto. Para explicar a demência, eu disse que minhas tomografias mostraram que havia espaços – buracos – no meu cérebro, que não deviam estar lá. Eu disse que boa parte do cérebro já estava faltando e que eu tinha uma doença que faria com que aqueles espaços, ou buracos, ficassem maiores. Isso significava que eu teria dificuldade para pensar e me lembrar das coisas. Eu queria que elas soubessem o que estava por vir. Eu queria falar tudo de uma vez, deixar tudo claro, sem perguntas no ar. Então, eu falei que ia esquecer cada vez mais das coisas até precisar de ajuda para tudo. Que em quatro ou cinco anos eu estaria numa casa de repouso e uns dois anos depois disso eu morreria. Acho que falei que Ianthe estaria sempre lá para cuidar delas. Certamente devo ter dito alguma coisa assim para tranquilizá-las. Mas lembro-me tão pouco desse momento, será que é por causa da demência? Ou será que foi tão traumático que eu bloqueei da minha mente? Difícil dizer.

Mas eu me lembro das emoções. Lembro-me da dor que minhas filhas sentiram, de suas lágrimas e do seu choque. Micheline, que tinha somente nove anos na época, me disse que fez uma piada na hora, alguma coisa como: "Isso quer dizer que a mamãe não vai mais se lembrar de pegar no meu pé para eu fazer a lição de casa." Provavelmente eu ou Ianthe lhe demos uma bronca, e ela ainda se sente culpada por ter dito aquilo. Eu gostaria que ela não sentisse essa culpa. Qualquer reação de uma criança a uma notícia tão devastadora como essa teria sido totalmente compreensível: lágrimas, raiva, gritos. Quando penso nisso, tenho vontade de voltar no tempo, de abraçar as meninas e dizer que elas ficariam bem e que talvez as coisas não fossem tão ruins como achávamos.

TEMPOS DIFÍCEIS

O RESTANTE DE 1995 TRANSCORREU em meio a exames e mais exames. Eu não queria ver nunca mais o neurologista que me deu o diagnóstico original; então, um dia depois daquela horrível consulta de segunda-feira fui ao consultório da minha clínica geral e disse que gostaria de ter uma segunda opinião. Percebendo o quanto eu tinha ficado arrasada com o diagnóstico, ela entrou imediatamente em contato com um colega em Sydney, que me receberia dali a três semanas. Esse neurologista era amável, otimista e meticuloso. Ele achava que eu deveria pedir uma licença de seis meses no trabalho enquanto fazíamos todos os exames e testes possíveis, em vez de entrar precipitadamente com um pedido de aposentadoria, como o médico anterior havia sugerido, para que meu cérebro pudesse descansar e eu tivesse algum alívio das enxaquecas. Ele também queria ver como eu me sairia nos testes psicométricos com o cérebro descansado e sem estresse.

Pedi uma licença médica e iniciei uma verdadeira maratona de avaliações e explorações. Fiz inúmeros testes psicométricos para verificar minha função cognitiva (que estava abaixo da esperada para alguém com o meu nível de instrução); exames de sangue e do líquido cerebrospinal para verificar se alguma infecção subjacente tinha causado lesões ao meu cérebro; outra ressonância magnética (que simplesmente confirmou que havia danos cerebrais significativos); uma cintilografia de perfusão cerebral para verificar o funcionamento do meu cérebro (obviamente, onde não havia substância encefálica não havia função); e uma biópsia do intestino delgado para verificar se eu tinha uma doença rara chamada doença de Whipple, que pode causar demência, mas é curável (durante meses o pessoal da minha igreja rezou para que eu *tivesse* a doença de

Whipple). Fiz também uma tomografia por emissão de pósitrons (TEP) para avaliar como meu cérebro estava usando a glicose sanguínea. Na época havia somente dois aparelhos de TEP na Austrália, por isso tive de ir à Universidade de Sydney, onde o exame foi feito por uma equipe de pesquisadores. Novamente, a tomografia mostrou que meu cérebro não estava funcionando nada bem.

A demência é complicada. Existem mais de cem causas conhecidas, se definirmos demência como uma deterioração progressiva do tecido cerebral, que produzem sintomas de declínio cognitivo e funcional. A causa mais comum é a doença de Alzheimer, seguida de perto pela demência vascular. Cada tipo de demência provoca um tipo específico de deterioração em determinadas partes do cérebro e também diferentes tipos de declínio funcional, mas não há como saber ao certo qual é a causa subjacente da demência sem uma biópsia cerebral – e isso geralmente só é feito após a morte. Portanto, na ausência de uma biópsia cerebral, para diagnosticar a demência os médicos examinam tomografias do cérebro e testes psicométricos e pressupõem a causa com base na parte do cérebro que é afetada pela atrofia e nas deficiências funcionais da pessoa. No meu caso, depois de seis meses de exames, eles deduziram que era Alzheimer. E como eu era muito jovem, era uma forma da doença de início precoce. O problema das formas de Alzheimer de início precoce é que geralmente elas evoluem muito mais rápido que outras formas de demência, portanto o meu prognóstico era sombrio.

Disseram-me que eu só teria um ou dois anos de independência, depois precisaria de um cuidador. Que dois ou três anos depois disso eu seria internada numa casa de repouso, e em dois ou três anos eu morreria – assim, segundo o prognóstico inicial, teria no máximo mais oito anos de vida, após aquele fatídico dia no consultório do neurologista numa ensolarada tarde de maio em Camberra. Meu cérebro iria desaparecer lentamente e um dia eu não conseguiria mais engolir ou respirar. Minhas filhas mais novas estariam na metade e no final da adolescência, e a mais velha teria vinte e cinco anos.

No dia 15 de setembro de 1995, meu neurologista recomendou formalmente que eu me aposentasse imediatamente. A princípio, parar de trabalhar foi um grande alívio. Embora o declínio cognitivo fosse bem leve naquele estágio, as crises de enxaqueca eram terríveis, e era realmente muito difícil tentar fazer o meu trabalho com essa dor quase constante. Além disso, era bom finalmente ter tempo de sobra para ficar com minhas filhas, fazer compras, cozinhar, apanhá-las na escola e bater papo com elas durante a tarde. Eu me senti muito mal de deixar o meu trabalho tão repentinamente. Eu não queria ter de abandonar minha equipe sem ter tido tempo para apresentar um substituto e colocar as coisas no lugar. Mas por causa do diagnóstico eu precisava parar imediatamente, para o espanto da maioria das pessoas. No começo parecia surreal, e eu praticamente estava esperando que alguém me dissesse que minhas férias tinham acabado e estava na hora de voltar ao trabalho, que havia muita coisa para pôr em dia – na verdade, eu sonhei várias vezes com isso. Até hoje eu me pergunto o que eu teria feito se continuasse trabalhando ou até onde a minha carreira teria me levado.

Além da enorme dificuldade de me ajustar à aposentadoria precoce, meu primeiro grande desafio foi conseguir que o Fundo de Pensão concordasse em me deixar aposentar por problemas de saúde. Depois de ser examinada pelos médicos do Fundo de Pensão, fui orientada a voltar ao trabalho e fazer um novo treinamento. Isso na época em que a minha expectativa de vida era de seis a oito anos e eu tinha de me esforçar para me lembrar de coisas do dia a dia, tipo como chegar ao trabalho e quando tomar meus medicamentos. Essa era uma briga ridícula que eu não precisava, mas que durou meses. Até que finalmente, depois de uma carta do meu neurologista em que ele dizia que "seria um ato de crueldade" me mandar de volta ao trabalho, e do grande apoio do secretário do nosso departamento, eles finalmente concordaram que eu me aposentasse por motivo de saúde.

Os médicos tinham chegado à conclusão de que as enxaquecas, que em geral não são um sintoma de demência, deveriam ser causadas pelo esforço mental no trabalho enquanto o meu cérebro estava sendo agredido pela doença. Depois da licença de seis meses para fazer exames, e mais tarde da aposentadoria precoce, as crises de enxaqueca diminuíram até quase desaparecer. Não totalmente, ainda tenho enxaqueca, mas raramente, e está sempre relacionada com esforço mental.

Quanto à demência, o neurologista receitou um medicamento chamado tacrina, explicando que não era uma cura, mas que poderia ajudar a retardar o declínio funcional causado pelos danos cerebrais ao elevar os níveis de um neurotransmissor no meu cérebro. Esse neurotransmissor é um tipo de substância química que ajuda os neurônios a "conversarem" entre si e, portanto, haveria mais comunicação dentro do meu cérebro, que aos poucos estava desaparecendo. Segundo ele, em um terço dos casos esse medicamento não tinha efeito, em um terço retardava o declínio e em um terço parecia promover alguma melhora. Não era uma estatística encorajadora, mas naturalmente eu tomaria qualquer coisa que me receitassem. No entanto, esse primeiro tipo de medicamento me deixava bastante doente. Ele provocava fortes náuseas e diarreia. Eu tinha de escolher entre meu cérebro e meu intestino, e escolhi meu cérebro, aguentando o desconforto na esperança de que o medicamento melhorasse o meu raciocínio e a minha memória. O medicamento realmente fez efeito: ele me colocou numa montanha-russa, com momentos de clareza mental e, depois, um pouco antes do horário do outro comprimido, eu ficava totalmente confusa, até que os mensageiros químicos cerebrais entrassem novamente em ação.

As coisas estavam difíceis para nós. Naquela época não existia o apoio às pessoas que sofrem de demência que existe hoje, tampouco para os filhos pequenos cujas vidas tinham sido afetadas pela doença de um membro da família. Na época eu procurei o número de telefone da Associação Australiana de Alzheimer na lista telefônica e liguei para eles.

– Eu gostaria de falar com alguém sobre como obter apoio para a nossa família – disse eu.

– Claro! – respondeu uma voz receptiva pelo telefone. – De quem você está cuidando? Do seu marido? Do seu pai ou da sua mãe?

– Eu não sou uma cuidadora – respondi. – Eu tenho Alzheimer.

A mulher ficou chocada.

– Ah! – disse ela. – Bem, nós temos muitas informações que posso enviar à sua cuidadora...

– A minha cuidadora está na universidade em Sydney – falei irritada. – Eu preciso de ajuda para mim mesma. – Mas não havia muito que ela pudesse fazer por mim, então logo em seguida eu desliguei o telefone.

Acho que essa foi uma das primeiras vezes em que pensei "Isso não está certo. Por que é que existe apoio para o cuidador e não para o doente?" Esse descalabro foi a semente inicial plantada que me levaria a decidir ser uma defensora das pessoas que sofrem de demência.

Eu pensei nos grupos de apoio aos pacientes de câncer. Eu sabia que havia grupos de apoio aos familiares dos pacientes de câncer, mas a maioria era formada pelos próprios doentes. Achei que sabia por quê. Era porque existia (e ainda existe um pouco) uma ideia preconcebida sobre as pessoas que sofrem de demência. De que éramos velhos caducos que não conseguiam tomar decisões nem se lembrar de nada e, portanto, era inútil falar conosco ou nos apoiar – todos os recursos tinham de ser direcionados às pessoas que cuidavam de nós, porque éramos um grande "fardo" para os nossos cuidadores e era horrível nos ver "desaparecer". Aparentemente "não tínhamos discernimento", portanto não valia a pena se incomodar conosco – de qualquer maneira, estávamos velhos. Que modo de pensar execrável! Embora eu estivesse apavorada com o que me esperava, eu sabia o que estava enfrentando e não era caduca nem incapaz naquela época (só para que fique registrado, eu ainda não sou). Eu precisava de alguma coisa – de algum tipo de grupo de apoio, de informações, de ideias, de conforto. Mas não havia nada.

Hoje em dia, obviamente, a Associação Australiana de Alzheimer é um excelente recurso para qualquer pessoa afetada pela demência – os doentes, os cuidadores, a família, os amigos e os profissionais de saúde. E todas essas informações podem ser obtidas no site deles. Certamente não estou sugerindo que hoje as coisas sejam fáceis, mas nos idos de 1995 havia pouquíssima coisa disponível. A nossa maior fonte de apoio foi do grupo da igreja.

Ianthe falou sobre o meu problema com as colegas da faculdade, e algumas meninas do grupo de jovens da igreja eram colegas de escola de Rhiannon e lhe deram uma grande ajuda. Mas a pobre Micheline, que estava no ensino fundamental, sofreu um bocado. Eu queria muito ter sido capaz de protegê-la. Eu queria ter feito mais por ela. Mas na época eu estava tão assustada com a perspectiva de morrer de demência, sem nenhum apoio, que não consegui dar a *ela* o apoio que ela precisava.

Anos mais tarde, Micheline me contou que as amigas não acreditaram quando ela disse que sua mãe tinha buracos no cérebro. Foi assim que ela explicou para as colegas no pátio da escola, pois era o que tinha entendido da conversa que tivemos em volta da mesa na cozinha naquele sábado. Depois as colegas foram para casa e contaram aos pais. Quando voltaram à escola disseram a Micheline: "Nossos pais falaram que se a sua mãe realmente tivesse buracos no cérebro, ela estaria morta. Portanto, não é verdade." Ela ficou muito chateada.

Toda semana Micheline tinha de escrever um diário para a escola. Na semana após o diagnóstico ela escreveu sobre seu final de semana. Falou que descobriu que sua mãe tinha buracos no cérebro e que em breve se esqueceria de um monte de coisas. A professora, bem-intencionada, escreveu um comentário mais ou menos assim no diário: "Este diário é para você registrar o que realmente está acontecendo em sua vida, e não inventar coisas. Seja honesta." Micheline ficou muito aborrecida quando pegou o diário de volta. Você pode imaginar o quanto uma criança ficaria perdida tendo de enfrentar esse trauma e nem os professores nem as amigas acreditarem nela.

Levei Micheline a um psicólogo particular, pois não havia psicólogos na escola. Depois de um tempo, encontrei um bilhetinho com sua caligrafia caprichada me agradecendo e dizendo que tinha ajudado. Mas ela foi a apenas umas duas sessões e provavelmente não foi suficiente para que ela conseguisse processar e lidar com a enorme turbulência pela qual estava passando.

Micheline e Rhiannon tiveram de amadurecer rapidamente. Eram elas que preparavam a minha agenda, que me lembravam de consultá-la, que me lembravam de tomar os remédios. Eu tinha de levá-las comigo de carro ao supermercado, para que elas pudessem me indicar o caminho; sempre íamos quando o supermercado estava vazio. Parei de levá-las à escola, porque eu tinha medo de não saber voltar para casa sozinha, então elas passaram a ir de ônibus. Elas tinham idade suficiente para isso, mas acho que o fato de terem de ir à escola sozinhas de uma hora para outra tornava a situação mais assustadora. Era como se eu estivesse desaparecendo da vida delas aos poucos – ou, na verdade, bem depressa.

Depois do diagnóstico eu piorei rapidamente. Toda vez que não conseguia me lembrar do nome de alguém ou encontrar as chaves, eu colocava a culpa na doença, e cada um desses reveses me deixava um pouco mais deprimida.

Quando se convive com a demência, o medo do declínio futuro está sempre presente, porém oculto, todos os dias, em todos os momentos. E esse medo emerge sem ser convidado a cada tropeço que, em outras circunstâncias, seria considerado normal. É como oscilar constantemente entre a crença e a descrença de reter alguma função no futuro, enquanto, ao mesmo tempo, você tenta vencer o desespero de ser tomada pelo medo de morrer de demência.

O tempo foi passando, eu tinha momentos bons e momentos de nada absoluto. Era muito difícil lidar com as questões da maternidade. Minhas filhas mais novas discutiam muito (provavelmente todas as irmãs discutem), e eu não conseguia ponderar quem estava certa e quem estava errada. Aparentemente, eu não conseguia falar nem pensar rápido o bastante para saber o que fazer. De quem era a culpa? Como tinha começado a discussão? Depois que cada uma tinha me apresentado os seus argumentos, eu já havia me esquecido sobre o que era a discussão. Eu me sentia muito culpada. Quem era eu? Eu não trabalhava mais, e não conseguia nem mesmo ser uma boa mãe. Antes do diagnóstico de demência eu tinha minhas próprias ideias sobre o que era ser uma boa mãe. Minha casa não era limpíssima, eu não preparava refeições deliciosas e guloseimas para minhas filhas nem costurava roupas para suas bonecas. Eu era uma mãe atarefada, mas todas as noites e todos os fins de semana eu era só delas – eu ouvia o que elas tinham para falar, lia para elas, colocava-as na cama. Nos fins de semana, antes de me separar de Jack, nós fazíamos longos passeios de carro juntas. Agora que estava aposentada, eu tive de redefinir o significado de uma boa mãe. Eu tinha tempo para lavar, limpar e cozinhar, mas sentia que estava perdendo a capacidade de ajudar com as lições de casa, de ouvir histórias, de rir e até mesmo de ler. Tudo isso estava contribuindo para a sensação de que eu estava em queda livre: despencando em direção ao nada.

Nesse tempo, Ianthe estava morando em Sydney numa república, enquanto estudava fisioterapia. Como o neurologista era em Sydney, minha filha mais velha foi tanto uma base como um apoio emocional inestimável para mim à época. Ela me levava à consulta e depois jantávamos juntas. Porém, no início de 1996, ela percebeu que eu estava tendo dificuldade de segurar a barra e trancou a matrícula na faculdade. Ianthe encontrou um apartamentinho em Camberra, bem perto de onde eu morava, para que pudesse me ajudar e também às irmãs. Na verdade, Rhiannon foi morar com ela para facilitar as coisas para mim em casa. Não tenho palavras para dizer o quanto fiquei agradecida por Ianthe, aquela moça forte e tranquila, ter dado um tempo em sua vida por causa das irmãs e de mim, cuidando de todas nós nesse período dificílimo. Era muito puxado para as minhas três filhas: Rhiannon saiu de casa aos quinze anos de idade, e Micheline, com apenas dez anos, era minha cuidadora todos os dias.

Eu tinha muito medo de perder a noção do "eu". Todos nós já ouvimos alguém dizer – ou talvez você mesmo tenha dito: "Acabe com o meu sofrimento se eu ficar demente." De certa maneira, era assim que eu me sentia, embora achasse que estava longe de ficar maluca. Nosso cérebro contém a nossa identidade: a nossa personalidade, a nossa generosidade, o nosso humor, a nossa capacidade de amar. Eu não queria perder essa parte de mim – e ainda não quero. O nome do meu primeiro livro foi um reflexo desse medo: *Who Will I Be When I die?* (Quem eu serei quando morrer?). Será que ainda serei eu? Com o passar dos anos, percebi que esse pensamento é simplista, e que o nosso eu, a nossa mente, não pode ser mapeada com exatidão no nosso cérebro. Mas ainda tenho medo, apesar de saber disso.

Em 1997, descobri um tumor na minha perna que estava crescendo. Parte de mim esperava que fosse um tumor maligno e que eu pudesse morrer, respeitavelmente, de câncer, com meu cérebro e minha personalidade ainda intactos, e não da ignominiosa demência, perdendo progressivamente tudo o que faz com que eu seja eu. O tumor era benigno, e fiquei decepcionada. Eu ainda tinha uma doença terminal, mas essa se arrastaria e levaria com ela o meu cérebro – em parte me humilhando, partindo o meu coração.

Esse período após o diagnóstico foi muito difícil não apenas por causa do que eu já tinha perdido ou do medo do que estava por vir, mas também do imenso – e humilhante – ajuste à minha própria identidade. Sei que já ficou bem claro que, antes de ter demência, eu era uma leitora rápida e uma falante rápida que ficava impaciente para passar para o próximo tópico depois de ter entendido a essência da história ou dos fatos. Sempre fiquei entre as duas ou três melhores alunas na escola e na faculdade e, como disse antes, minha mãe e eu fazíamos testes de QI por diversão, e sempre obtive uma pontuação entre 150 e 200. Eu não tolerava pessoas que não conseguissem me acompanhar. Eu era muito impaciente com as pessoas que cometiam muitos erros de gramática ou ortografia nos relatórios e ficava frustrada quando precisava explicar uma coisa duas vezes. Eu simplesmente supunha que todo mundo era como eu, mas achava que as pessoas não se esforçavam o bastante. Eu era também uma especialista na vida das minhas filhas – eu conseguia memorizar todas as suas atividades e planos escolares, as notas que iriam precisar e como estavam se saindo nas lições de casa. Eu sabia de cor o número do Medicare, meu seguro-saúde, do meu cartão Visa e da minha carteira de habilitação. E no trabalho eu estava a par de todas as informações importantes para a minha função. Agora a demência estava transformando o meu cérebro num computador desatualizado, muitas vezes emperrado, incapaz de acessar informações facilmente. Eu me sentia lenta e envergonhada.

Ser extremamente inteligente era parte de quem eu era. Meu cérebro era a minha identidade – e agora ele estava desaparecendo. Ianthe comparava a minha demência com um concertista de piano que teve as mãos decepadas. A doença provocou uma crise de identidade em mim, e eu estava imensamente constrangida por estar perdendo a capacidade de pensar rápido e com clareza – exatamente o que me definia e algo de que sempre me orgulhei.

Eu inventei um monte de truques para esconder a demência das outras pessoas. Eu ainda uso esses truques. Um deles era falar lentamente, na esperança de que, se eu falasse devagar, meu cérebro teria tempo de pensar nas palavras apropriadas. (Que ironia, antes a minha boca tinha de se esforçar para acompanhar o meu cérebro. Agora acontecia o contrário, eu abria a boca e esperava, pelo que pareciam séculos, que meu cérebro pensasse nas palavras.) Eu ria muito e evitava fazer perguntas, pois tinha medo de que fossem perguntas idiotas.

É muito comum e também compreensível que as pessoas que sofrem de demência escondam a doença o máximo que podem. Imagine por um minuto que você recebeu esse diagnóstico devastador: o seu cérebro, a sua própria essência, está sendo erodido de forma lenta, contínua e irreversível. Você está com medo de perder a sua dignidade. Está morrendo de medo de se esquecer das pessoas e das coisas que lhe são valiosas. Está esperando o dia em que as pessoas começarão a não levar em conta a sua opinião, pois vão achar que você não sabe o que está falando. E está preocupada que as pessoas riam pelas suas costas, porque você não é mais uma delas. Você está exilada no mundo dos idosos, na terra da casa de repouso, da alimentação pastosa e da incontinência urinária e intestinal. Você se lembra da época em que ouviu alguém dizer ou que você mesmo disse: "Me mate se eu ficar assim." É isso o que as pessoas estão pensando de você agora?

Como eu disse, naquela época, logo após o diagnóstico, a minha capacidade cognitiva pareceu declinar muito rapidamente. Eu confundia cada vez mais as palavras. Eu não sabia que dia da semana era. Os dias eram apenas ilhas num mar de tempo incompreensível. Eu descrevi isso como perder a noção de "quinta-feireza". Eu acordava e descobria que estava numa ilha, mas não tinha ideia de como tinha ido parar lá.

Demorei alguns meses para descobrir como fazer uma coisa de cada vez, e não ao mesmo tempo. Meu cérebro teve de reaprender a ser um "cérebro demente". Ele não conseguia mais administrar várias tarefas ao mesmo tempo, o que antes era uma capacidade essencial para uma mãe que trabalhava fora. Eu não conseguia pendurar a roupa lavada enquanto alguma coisa estava fervendo no fogão, nem deixar o ferro de passar roupa ligado e atender ao telefone. Eu tinha de terminar uma coisa para começar outra, caso contrário me esqueceria completamente do que estava fazendo e acabaria incendiando a casa (o que nunca aconteceu, graças a Deus!).

Eu achava muito cansativo *shopping centers*, aeroportos e restaurantes lotados. Já expliquei isso antes, era como se alguém dissesse "Ouça o disco que comprei" e depois pusesse todos os seus discos para tocar de uma só vez. Incapaz de me concentrar numa única canção, eu só ouviria ruídos, e ficaria tão transtornada que teria de ir para casa e ficar deitada por muito tempo, provavelmente com enxaqueca. Minhas filhas se acostumaram com o que chamavam de "olhar vago da mamãe". Na verdade, elas aprenderam a me imitar muito bem. Em geral eu tinha esse olhar depois de ser bombardeada por um excesso de estímulos ou de tentar fingir ser normal por muito tempo. Isso significava que, com enxaqueca ou sem enxaqueca, estava na hora de "dar um tempo para o meu cérebro". Apenas um pouco de repouso sem estímulo, num quarto escuro e silencioso, e com os olhos fechados.

Eu tinha horror do telefone. Sempre que podia evitava atender ligações. Sem as dicas visuais à minha frente, às vezes eu esquecia até mesmo com quem estava falando – mesmo que fosse eu quem tivesse ligado. Além disso, se eu usasse toda a capacidade do meu cérebro para me lembrar com quem estava falando, teria dificuldade de acompanhar a conversa. Eu não conseguia captar nuances no tom de voz do meu interlocutor e, portanto, não sabia se ele estava brincando ou falando sério.

As palavras eram traiçoeiras. Uma vez, na mesa de jantar, eu contei às minhas filhas que quebrei o braço quando era pequena. Ianthe perguntou quantos anos eu tinha na época e eu respondi: "Às quatro e meia." Esse tipo de coisa acontecia muito, e dávamos risada. Começamos a falar usando "spoonerismos", ou seja, trocávamos as sílabas das palavras, intencionalmente ou não. Era um bom jogo para todas nós, e provavelmente fazia bem para o meu pobre cérebro.

Eu sempre fazia coisas que no fundo não queria fazer porque achava que não tinha tempo nem energia mental para visualizar e relacionar as razões pelas quais eu achava que aquela não era uma boa ideia para mim. E era muito difícil tentar encontrar palavras para formar uma frase coerente a tempo. Eu me metia em situações estressantes porque não conseguia sair delas com argumentos, então os familiares e os amigos, sempre com pressa (como eu tinha sido antes da demência) me levavam com eles. O meu conselho para os cuidadores é que tenham muita calma e deem à pessoa com demência tempo suficiente para que ela possa pensar e dizer se está à vontade com aquilo que está sendo proposto, seja ir a uma loja ou fazer uma visita aos netos. Ela pode estar cansada demais, mal-humorada demais ou simplesmente sem vontade, mas ela demora um pouco para entender claramente essa mensagem e depois reunir as palavras para lhe dizer.

A capacidade de ler em voz alta diminuiu rapidamente. Eu ainda conseguia ler silenciosamente com bastante rapidez, mas não conseguia formar as palavras e pronunciá-las durante a leitura. De alguma forma, as palavras ficavam presas no meu cérebro e não chegavam à boca. Suponho que essa seja uma daquelas habilidades simultâneas, e eu estava num mundo novo e linear. Ainda não consigo. Eu sentia falta dessa habilidade quando ia à igreja e havia projeção de textos em *slides*. Eu tinha de ler em silêncio, pois não conseguia acompanhar as outras pessoas. O mesmo aconteceu com a escrita à mão. É muito difícil segurar uma caneta e formar as palavras que estou pensando. É difícil e demora muito tempo, e a minha caligrafia não é nem um pouco legível.

Toda vez que eu notava que estava perdendo uma habilidade, me sentia um pouco mais apavorada e deprimida. Eu ficava tentada a desistir, pois certamente esse era um sinal de declínio inevitável e permanente. A experiência de demência difere de uma pessoa para outra, porque suas conexões neuronais são diferentes. Portanto, mesmo que exista um padrão semelhante de atrofia no tecido cerebral, os médicos não sabem dizer como isso vai te afetar, e você nunca saberá que habilidade irá perder em seguida. E naquela época eu sentia que nunca mais recuperaria as habilidades perdidas.

Um dia, no final da tarde, depois de ajudar Rhiannon no estábulo onde ela guardava o cavalo, fomos para o carro para voltar para casa. Rhiannon estava com quinze anos e ainda não tinha carteira de habilitação. Quando entrei no carro, me dei conta de que não me lembrava de como dar a partida, para que serviam os pedais nem como dirigi-lo. Onde coloco as chaves? Para que lado devo girá-la? Era como se o meu carro fosse uma espaçonave alienígena. Pedi para Rhiannon acender a lanterna e iluminar os pedais, perto dos meus pés, que eu tinha certeza que eram importantes para dirigir o carro, mas não adiantou.

– Rhiannon – eu disse, com medo na voz. – Eu não tenho certeza de como... dar a partida no carro.

Minha filha me mostrou onde estavam o acelerador e o freio, como girar a chave na ignição, como dar ré e como sair com o carro. Depois que saí da estrada de cascalho e entrei no asfalto, minhas habilidades voltaram, graças a Deus, e conseguimos chegar em casa. Mas desisti de dirigir de uma vez por todas, pois fiquei abaladíssima com essa experiência e horrorizada por ter perdido essa habilidade tão básica e útil.

NEM TUDO ESTÁ PERDIDO

Entrei numa profunda depressão. Minhas habilidades pareciam estar desaparecendo, dia após dia; eu estava envergonhada, frustrada e preocupadíssima com a possibilidade de perder minhas lembranças, minha capacidade de amar e minha própria identidade. O meu cérebro estava claramente desaparecendo, e o que sobraria de mim depois que ele se fosse?

Eu me apeguei à minha fé cristã como uma tábua de salvação. Foi ótimo, tanto o conforto espiritual proporcionado pela noção de eterno divino como o conforto prático que eu recebia dos amigos na igreja. Em 1995, aquele ano horrível de exames e mais exames, fiz um curso de comunhão cristã e fiquei amiga de uma ministra anglicana chamada Liz McKinlay. Liz começou a me visitar em casa, oferecendo-me conforto e orientação espiritual. Ela me estimulou a falar sobre meu desespero e meus temores, e isso me ajudou muito.

Liz tinha dedicado muito tempo aos cuidados de pacientes com demência, mas só conhecia pessoas em estágios avançados da doença, que precisavam de cuidados permanentes. Portanto, ela tinha passado muito tempo falando com os cuidadores dessas pessoas, mas nunca havia conversado antes com alguém que tinha demência, sobre seus sentimentos, suas preocupações, seus temores e seus problemas diários. Ela achou essa experiência não só fascinante como também muito importante, e acreditava que as outras pessoas se sentiriam da mesma forma.

Eu disse a Liz que me sentia exilada da vida produtiva, que agora era caracterizada como uma pessoa improdutiva sobre a qual não valia a pena ter uma opinião. Eu sentia muita falta do meu trabalho, sentia falta da adrenalina, da sensação maravilhosa de poder confiar no meu cérebro eficiente, de quando eu me equiparava aos pesquisadores ou escrevia artigos sobre áreas importantes para o futuro da Austrália. Eu sentia falta de organizar. Sentia falta de saber e de me lembrar das coisas. Havia uma enorme lacuna na minha vida agora.

Liz achava que as pessoas precisavam ouvir a minha história, e que essa atitude poderia representar uma chance para eu contribuir novamente. Mais tarde, ela disse que o que estava aprendendo em nossas sessões, o que eu inadvertidamente lhe estava ensinando, era importante demais para ficar apenas entre nós.

Eu sabia que ela estava certa. Lembrei-me de quando havia procurado a Associação Australiana de Alzheimer pela primeira vez em busca de apoio e de ter sido informada que eles forneciam apoio apenas aos cuidadores. O mundo parecia se esquecer – o irônico é que são aqueles que têm memória que se esquecem daqueles que supostamente estão perdendo a memória – de que as pessoas que têm demência poderiam ter muito a contribuir para a sociedade. Elas não perdem a clareza de visão no momento do diagnóstico, e durante muitos anos ainda poderiam e deveriam ser ouvidos. A semente da minha próxima grande jornada na vida havia sido semeada.

Esse período também marcou o início de uma mudança radical na minha atitude em relação ao meu problema. Pela primeira vez, comecei a ter um pouco de otimismo, em vez de enxergar apenas desamparo e desespero. A perda da capacidade cognitiva e a deterioração mental são fatos incontestáveis da demência. As pessoas perdem progressivamente a função cerebral – não estou negando isso. Mas há esperança.

A teoria da neuroplasticidade – segundo a qual o cérebro é capaz de formar novas conexões e reaprender – foi levada a público em 2007 por Norman Doidge, psiquiatra canadense que escreveu um livro de sucesso intitulado *The Brain That Changes Itself* (O cérebro que se transforma). Por meio de fascinantes estudos de caso, Doidge mostrou que pessoas com lesão cerebral causada por acidente ou AVC conseguem reaprender habilidades que achavam ter perdido porque conseguem usar outra parte do cérebro para recuperar a função. Foi a primeira vez que todos perceberam que o cérebro humano não era um maquinário fixo e imutável, mas sim maleável e plástico, mesmo na vida adulta e na velhice. Mas Doidge não falou sobre demência, e, quando li o livro, fiquei imaginando se suas teorias não poderiam ser aplicadas a pessoas como eu.

O problema da plasticidade cerebral (a formação de novas conexões) é que é preciso estimular o cérebro. Use-o ou perca-o. Quanto mais você praticar uma habilidade, maior será a probabilidade de que as células cerebrais (neurônios) continuem a disparar e de que essa habilidade seja integrada ao seu cérebro. Portanto, se uma pessoa parar de usar o cérebro depois de um diagnóstico de demência, por acreditar que não adianta nada, ela poderá ser vítima da sua própria profecia, que acabará se cumprindo.

Às vezes, porém, os danos das lesões cerebrais ocorrem rápido demais para que seja possível compensá-los ou de encontrar novas maneiras de fazer as coisas. Nenhum esforço poderá combater esse rápido declínio. Na verdade, já vi a demência consumir alguns dos meus amigos mais determinados e inteligentes com muita rapidez, por isso acho importante deixar claro que essa não é uma maneira infalível de combater a demência. Mas insisto em dizer que se uma pessoa que sofre de demência *quiser* tentar adiar seu declínio usando o máximo possível o cérebro, devemos encorajá-la e torcer para que ela consiga. Sempre vale a pena tentar.

Os primeiros anos após o meu diagnóstico foram os mais difíceis da minha vida. Eu tinha uma dificuldade cada vez maior de dirigir sem me perder, até que desisti de vez de dirigir. Eu sentia que estava pensando com mais lentidão e tendo dificuldade de acompanhar as conversas. Deixei de usar o telefone, pois ficava assustada por não poder ver com quem estava falando e às vezes eu esquecia quem é que estava do outro lado da linha. Se alguma coisa se tornava difícil, eu parava de tentar. Eu acreditava que tudo era inútil e que não valia a pena tentar. Fui ficando cada vez mais impotente e mais dependente das minhas filhas. Eu ficava triste com todas as habilidades que eu estava perdendo e que não poderia recuperar. O medo me paralisou durante anos, pois as perdas se acumulavam. Mas (embora isso tenha sido anos antes da publicação do livro de Doidge), aos poucos, comecei a perceber que toda aquela tristeza havia me incapacitado talvez até mais que a própria demência, e eu precisava reverter isso. Só depois que consegui superar a minha *sensação* de incapacidade é que comecei a superar a minha verdadeira incapacidade.

Então, com a minha nova motivação graças às conversas com Liz, em 1996 eu anunciei ao meu neurologista que estava pensando em escrever um livro. Ele disse que não via a hora de ler o livro. Então eu lhe perguntei, nervosa, quanto tempo eu teria para escrevê-lo. Quanto tempo até que não pudesse mais escrever, até que não conseguisse mais me lembrar de escrever?

– Eu não saberia lhe dizer – respondeu ele. – As pessoas são diferentes. Mas se eu fosse você, começaria assim que possível.

Demorou um pouco para que eu começasse. Em parte, para ser honesta, porque eu estava um pouco assustada com a perspectiva de escrever um livro sobre a minha vida e a minha doença. Como iria reunir todos os meus pensamentos? Será que meu pobre cérebro, que estava encolhendo, não me deixaria na mão no meio do caminho? Mas a principal razão por não ter começado a escrever o livro imediatamente foi porque eu logo descobri outra maneira de entrar em contato com o mundo.

Em junho de 1996, Simon Grose, cientista e escritor que eu conhecia da época em que trabalhava, escreveu um artigo no jornal *The Canberra Times* sobre Ronald Reagan, que, dois anos antes, tinha sido diagnosticado com demência. O título do artigo era "Who's Al Zeimer?" e ridicularizava o ex-presidente dos Estados Unidos e, na minha opinião, os pacientes de Alzheimer. Escrevi imediatamente a Simon falando sobre a minha decepção com seu artigo e explicando que eu tinha essa doença, que ela era terminal, que não era nenhuma piada tampouco exclusiva das pessoas idosas.

Simon me respondeu se desculpando. Ele disse que o jornal queria fazer uma matéria sobre Alzheimer e me perguntou se eu não gostaria de fazer parte dela. Eu concordei, e foi assim que Verona Burgess escreveu uma história sobre mim que acabou se transformando num artigo de página inteira com uma grande fotografia minha. Fiquei bastante chocada ao abrir o jornal naquele sábado de manhã! Decididamente, eu havia "assumido" a minha demência! Embora fosse assustador, achei que era a coisa certa a fazer. Eu achava que era importante não ficar envergonhada da minha demência, sobretudo se eu quisesse que alguma coisa no mundo mudasse. Hoje eu sei que consegui isso.

Uma semana após a publicação do artigo, Mike Munro, apresentador do programa *A Current Affair*, entrou em contato comigo. Eles fizeram um programa sobre a minha história e sobre demência. Eu gostei – ele falava sobre os principais aspectos da doença de Alzheimer e seus efeitos sobre a nossa família. A única coisa que faltou foi alguma referência ao meu cristianismo, mas alguns meses depois foi ao ar um especial de uma hora, e nesse programa eles falaram sobre a minha fé. Fiquei feliz com isso.

Minhas aparições na TV tiveram uma excelente repercussão. Recebi várias cartas, cartões e bonitos depoimentos que me mostraram o quanto a minha história tinha sensibilizado as pessoas. Isso me fez perceber que eu precisava escrever o meu livro. Então, eu embarquei no próximo grande projeto da minha vida, escrever meu primeiro livro, *Who Will I Be When I Die?* Nele, relatei com honestidade como era conviver com a demência, como a doença tinha me afetado e também o meu relacionamento com minhas filhas, o que eu precisava e o que eu achava que precisava mudar. Falei também sobre o meu maior medo, e talvez o maior tabu da demência: o temor de perder a minha identidade, de ser uma concha vazia quando morresse, com o meu "eu" essencial totalmente ausente. Provavelmente foi a primeira vez, pelo menos na Austrália, que alguém com demência, e não um cuidador, escreveu um livro sobre a sua própria experiência.

Acredito piamente que, junto com a medicação que eu estava tomando, a estimulação mental e os desafios que enfrentei para escrever esse livro começaram a contribuir para a melhora da minha capacidade cognitiva naquela época. Eu estava usando o meu cérebro, em vez de simplesmente perdê-lo.

Numa manhã, no início de 1998, logo depois que eu tinha acabado de escrever o livro, anunciei a Ianthe: Estou melhorando!

Eu estava animadíssima, mas sabia que ela ficaria preocupada. Na verdade, ela ficou bastante cética.

Eu lhe disse que queria voltar a dirigir, e ela respondeu: "Bem, vamos ver." Essa era uma maneira de dizer: "Não vai não, mas não tenho energia para brigar com você agora." Eu conhecia bem essa linguagem, pois já a tinha usado com ela muitas vezes no passado.

Mas eu estava me sentindo muito melhor. Meus pensamentos estavam mais claros, eu estava mais confiante e mais feliz. A depressão estava diminuindo, e também a névoa da demência, e as palavras saíam mais facilmente. Eu estava tomando medicamentos há muito tempo, então, talvez, finalmente eles estivessem fazendo efeito.

Eu encontrava-me determinada a provar para a minha família que estava melhorando, e na próxima consulta com o neurologista eu lhe disse isso.

Ele conversou comigo e avaliou meus reflexos. Aparentemente a demência faz com que os nossos reflexos voltem a ser como os de um bebê.

O reflexo de preensão, por exemplo, observado no recém-nascido quando colocamos o dedo na palma da sua mão, volta a ficar pronunciado. Mas naquele dia ele achou que esses reflexos não estavam tão pronunciados como tinham sido dois anos antes, quando minha doença foi diagnosticada. Ele repetiu o que eu havia ouvido com tanta frequência nos últimos vinte anos: "Você se importaria se fizéssemos mais alguns exames?" Eu concordei e fizemos a rotina habitual de tomografias e testes psicométricos. Quando Ianthe e eu voltamos para Sydney para vê-lo, ele estava bastante encorajador.

Eu voltei a dirigir, apenas localmente, o que deixava Ianthe bastante nervosa, mas eu sabia que estava me sentindo bem e não queria ficar trancada entre quatro paredes o dia todo.

Outra coisa que fiz foi me matricular num curso de teologia na faculdade St. Mark, em Camberra. Isso certamente iria exercitar o meu cérebro! Apesar de nervosa, alguma coisa dentro de mim me impeliu a preencher a ficha de inscrição. *Eu consigo!*

Todos os professores eram atenciosos e prestativos; eu contei a eles sobre a minha doença. Embora fosse difícil, quase impossível, aprender e recordar de novos fatos, eu ainda conseguia me interessar por ideias e ler. E, se tivesse um tempo razoável, poderia até mesmo fazer trabalhos escritos. A maior parte do curso fiz por correspondência, para que eu tivesse tempo de redigir os trabalhos do curso em casa, mas eu ainda ia à faculdade regularmente. Novas ideias, fatos e questões eram discutidos à minha volta; além disso, eu estava conhecendo novas pessoas e me sentia feliz. Teologia era muito diferente de ciências, e realmente levava o meu cérebro a adotar novas maneiras de pensar, o que eu achava bom.

As pesquisas mostraram que socialização e estimulação mental são uma parte importantíssima da prevenção da demência, e tenho certeza de que tudo isso ajudou sobremaneira a retardar o meu declínio.

O fato de sair da depressão também ajudou minha função cognitiva. Quando um diagnóstico de demência leva à depressão, acredito que possa criar uma pseudodemência em que os sintomas são reais e rápidos, mas estão diretamente relacionados à pressuposição de incapacidade da própria pessoa. Como eu disse antes, isso, por sua vez, pode ser uma perigosa profecia autorrealizável – se você não mantiver as células cerebrais disparando, elas acabarão parando e produzindo um declínio ainda maior.

Portanto, o meu cérebro estava sendo desafiado, socialmente engajado e aliviado da depressão. Tudo isso ajudou a manter minhas células cerebrais disparando o melhor que podiam. Meu cérebro reagiu comportando-se como se quisesse ignorar o fato de que tinha demência e abraçar tudo o que a vida tinha a lhe oferecer.

E quando eu recebi minhas primeiras notas e vi que havia tirado a nota mais alta, meu cérebro trabalhador tinha sido vingado. Eu me senti estimulada a continuar pensando, a continuar realizando, a continuar contribuindo enquanto pudesse.

UMA IMPROVÁVEL HISTÓRIA DE AMOR

Estava faltando algo na minha vida, algo importante. Durante quase vinte anos eu havia sido casada com um homem que eu não amava, um homem que fez mal às minhas filhas e a mim. Quando finalmente reuni coragem e força emocional para deixá-lo, logo me deparei com um problema ainda maior: um diagnóstico de demência. Porém, no início de 1998, comecei a me sentir muito mais forte, muito mais confiante. A medicação finalmente estava começando a desanuviar meus pensamentos, e eu estava pronta para enfrentar novos desafios. Estava bastante determinada a não deixar que a demência me impedisse de viver minha nova vida sem medo. Eu queria ter uma vida plena, repleta de amor e aprendizado, desafios, diversão e realização, e simplesmente não achava justo que a minha doença se interpusesse no caminho.

Eu me sentia particularmente solitária agora que um futuro parecia se descortinar novamente à minha frente. É verdade que eu havia sido solitária por vinte anos, mas tinha aprendido a segurar a barra sem um companheiro amoroso – possivelmente porque meu cérebro ficou compartimentalizado entre minhas filhas queridas e meu trabalho estimulante. Tudo o mais havia sido ignorado: amor, amizade e socialização foram deixados de lado.

Mas nos anos que precederam meu diagnóstico de demência eu tinha sido envolvida pelo amor da minha igreja e dos amigos que fiz lá, e estava começando a acalentar a ideia de relações estreitas de amizade que implicavam dar e receber, amor e sacrifício de ambos os lados – possivelmente pela primeira vez desde que eu era criança. E isso, junto com meu novo desafio pessoal de vencer a demência – ou pelo menos fazer o possível para ignorá-la –, acabou fazendo com que eu me sentisse sozinha no mundo e pronta para dividir o meu fardo com alguém, e também a descobrir sobre a vida de outras pessoas e ajudá-las a carregar o seu próprio fardo. Comecei a refletir sobre o meu futuro. Eu estava me sentindo muito melhor e capaz de tocar a minha nova vida no ritmo mais lento da demência. Por que eu deveria passar os anos que me restavam me sentindo tão solitária?

Vi um anúncio de uma agência de relacionamentos e pensei em entrar em contato com ela, para que pudesse conhecer alguns homens interessantes e talvez sair para jantar, ir ao cinema e a outros eventos. Conversei sobre isso com Ianthe que, obviamente, ficou cética. Hoje eu me pergunto se minha filha não achou que essa ideia maluca poderia ser parte da minha doença. Ela deve ter imaginado a dor e o sofrimento que poderia me causar o fato de ser rejeitada por homens que não queriam fazer parte da vida de uma mulher que tinha uma doença cerebral degenerativa e terminal. E mesmo que eu encontrasse alguém que quisesse namorar comigo, que tipo de homem iria querer se envolver com uma mulher que tinha demência? Que motivos ele poderia ter? Depois de conversarmos bastante, Ianthe acabou me incentivando a tentar, mesmo sabendo que provavelmente teria de "juntar meus cacos" se as coisas saíssem errado. Ela podia ver que eu precisava muito de algo assim na minha vida e que queria muito fazer uma tentativa. Essa é uma prova do quanto minha filha era sensata e afetuosa.

Havia outra razão pela qual eu queria usar uma agência de relacionamentos para encontrar um companheiro, mas fiquei muito envergonhada de contar para Ianthe na época: eu tinha um péssimo histórico em relação à escolha de relacionamentos amorosos e achei que talvez fosse melhor que outra pessoa fizesse isso por mim.

No dia em que fui à agência para a consulta inicial eu estava muito nervosa quando cruzei a praça à procura do endereço fornecido por telefone. Subi um lance de escada, abri a porta da agência e vi uma simpática recepcionista. Eu estava constrangida e encabulada, mas tinha feito o melhor que podia para ficar confiante vestindo uma roupa elegante e uma echarpe vistosa. Ela logo me encaminhou a uma sala, onde me pediram que eu me sentasse e me fizeram algumas perguntas. Que tipo de pessoa eu gostaria de conhecer? De que faixa etária? Com que grau de instrução?

Qual era o meu grau de instrução? Em que eu trabalhava? E as perguntas continuaram por cerca de uma hora. Eu não mencionei o enorme elefante na sala: o meu diagnóstico de demência. Eu sabia que se fizesse isso não seria aceita. Em seguida, assinei a papelada, dei meu cartão de crédito e pouco tempo depois fui embora pensando naquilo que tinha acabado de fazer e me perguntando se realmente era uma boa ideia.

Cerca de uma semana depois o telefone tocou. Era a agencia dizendo que um homem queria me conhecer e perguntando se ele podia me telefonar. Eles sugeriram um encontro para tomar café num local público durante o dia. Eu disse que estava ótimo. Nos dias seguintes eu me senti como uma adolescente de novo. Meu coração disparava toda vez que o telefone tocava. A espera foi uma agonia. Hoje eu sei que estava extremamente vulnerável e que era um enorme risco para o meu pobre coração.

Numa quinta-feira à noite, eu atendi ao telefone e o homem do outro lado da linha se apresentou como Paul. Ele disse que a agência tinha lhe dado o meu número. Pelo telefone ele parecia ser um homem muito agradável, e combinamos de nos encontrar no sábado, ao meio-dia, na escadaria da Biblioteca Nacional de Camberra. Naquela sexta-feira eu era um poço de indecisão. O que iria vestir? Como seria Paul? Aquilo era uma loucura! O que eu estava fazendo? E se ele não aparecesse? Como nos reconheceríamos? Até hoje, quando penso naquela semana, meu coração fica um pouco acelerado.

No sábado, eu decidi vestir calça comprida, um casaco de seda e uma echarpe colorida. Tentei esconder o medo que sentia e fui esperá-lo na escadaria da biblioteca. Logo em seguida, um homem de cabelo claro e ondulado e barba bem aparada subiu apressado a escadaria segurando um ramalhete de narcisos nas costas. Ele usava calça de veludo cotelê e paletó. Naqueles primeiros momentos confusos eu o cumprimentei com um aperto de mãos, peguei as flores e disse "Oi".

Fomos caminhar em volta do lago. Paul disse que tinha levado algumas coisas para o almoço em sua mochila, para que pudéssemos parar ao longo do caminho numa mesa de piquenique. Primeiro fomos ao memorial de uma garotinha que havia morrido tragicamente há pouco tempo durante a demolição de um prédio. Depositamos lá as flores, absortos em nossos pensamentos sobre a maneira como as tragédias e as alegrias da vida chegam sem avisar. Depois seguimos em frente.

Em pouco tempo estávamos conversando descontraidamente, e achei que tínhamos muita afinidade. Ambos havíamos entrado para o serviço público depois da faculdade e, aparentemente, tínhamos muitos pontos de vista em comum. Paul havia sido diplomata no Ministério das Relações Exteriores e servido muitos anos na África, América do Sul e Europa. Ele era separado e, assim como eu, tinha procurado a agência de relacionamentos porque procurava uma companhia – não é tão fácil achar alguém para levar para jantar quando se está na faixa dos quarenta ou cinquenta anos. Ele também tinha três filhos, mas já eram todos adultos. Paul era um homem viajado e culto que tinha muitos interesses e adorava falar sobre eles. Em suma, era exatamente o tipo que homem que minha mãe, tia Evie e minha avó teriam aprovado sem pestanejar. Eu também gostei dele imediatamente. Além disso, logo ficou claro que Paul tinha uma forte consciência social, o que o tornava ainda mais atraente aos meus olhos.

Ele era muito simpático, e eu me senti muito mal por ainda não ter contado sobre o meu diagnóstico. Encontramos um lugar tranquilo para almoçar e Paul abriu sua mochila, que tinha uma garrafa de vinho francês, taças (e não eram de plástico!), queijos, pão, manteiga, *chutney* e até uma toalha de mesa. Arrumamos nosso banquete, nos sentamos e continuamos a falar de nossas vidas, nossas ideias e nossas famílias. Mas eu não podia mais omitir minha doença. Paul parecia um homem adorável e achei que não seria certo esconder isso dele.

Então, depois de respirar fundo e me preparar para que esse fosse o nosso primeiro e último encontro, eu lhe contei sobre o meu diagnóstico e o que disseram que o futuro me reservava. Falei tudo de uma só vez, e ele disse calmamente: "Entendo."

Então ele falou que seu pai havia morrido recentemente de Alzheimer. Porém, em vez de ficar desanimado, ele disse que achava que isso tinha lhe dado uma compreensão da demência e que não havia ficado abalado com a minha "bomba".

Um dia Paul me disse que alguma coisa aconteceu em sua mente quando lhe contei sobre a minha demência. Ele disse que pensou claramente: Tudo bem, eu consigo lidar com isso. Esse é um pensamento bem estranho sobre um diagnóstico grave de alguém que você mal conhece e de quem pode se afastar quando quiser. Ele disse que me achou tão interessante que o futuro não importava, que ele acreditava que poderíamos aproveitar ao máximo os anos que ficássemos juntos. Até hoje eu me emociono quando penso o quanto aquela atitude de se preparar para acompanhar a demência até o final amargo revelava sobre sua natureza amável e afetuosa. Eu não estava pensando a longo prazo, apenas tinha esperança de continuar vendo Paul durante alguns meses ou até mesmo um ano.

Depois de seis horas caminhando, quando meus pés e minhas pernas estavam doendo, finalmente voltamos à biblioteca, onde nossos carros estavam estacionados. Paul não disse nada sobre nos vermos novamente e eu estava começando a pensar que ele não estava interessado num segundo encontro. Mas eu queria muito ver aquele homem tão agradável novamente, então tomei coragem e disse que tinha um filme que eu queria ver, mas que minhas filhas não queriam ir. Você gostaria de ir comigo?

A resposta de Paul foi imediata e entusiasmada: "Claro que sim! Vamos amanhã." Meu coração parecia que ia explodir – tínhamos nos dado tão bem e ele queria me ver de novo! Na noite seguinte conversamos tanto como no dia anterior; nosso assunto parecia nunca mais acabar – embora para mim tenha sido exaustivo e eu tenha levado vários dias para me recuperar. Eu fingia muito bem ser normal, mas precisava mesmo de um tempo para me recuperar. Na semana seguinte, viajei com minha caçula durante alguns dias para visitar uma amiga. Foi bom sair e descansar, mas eu pensava em Paul o tempo todo.

Quando cheguei em casa, a secretária eletrônica estava piscando. Havia várias mensagens de Paul perguntando quando eu iria voltar. Será que eu queria sair no sábado? Ele não falou onde iríamos, mas é claro que eu queria. Depois de uma longa volta de carro no ar frio do inverno, paramos numa casa de chá. Caminhamos e batemos papo sem ficar de mãos dadas ainda. Era hora de investir na amizade.

Algumas semanas depois, Paul me levou para Sydney para conhecer sua mãe. Ela era muito simpática e me fez sentir muito especial. Combinamos de encontrar o irmão mais velho de Paul com a esposa num restaurante ali perto. Logo que entrei no restaurante o irmão dele se levantou, veio até mim, me abraçou e disse: "Bem-vinda à família!" Fiquei sem palavras, pois Paul e eu ainda não tínhamos nem trocado um abraço!

Algum tempo depois, Paul me disse que raramente seu irmão abraçava as pessoas, por isso eu me sinto ainda mais acolhida no seio daquela família quando penso naquele dia. Poucos meses depois, quando eu estava visitando novamente a mãe de Paul, ela foi até o aparador, abriu uma gaveta e tirou um embrulhinho em papel de seda. Ela o deu a Paul na minha frente, dizendo que era para o nosso anel de casamento. O coitado do Paul ainda não tinha me pedido em casamento. O embrulho, cuidadosamente desfeito, continha uma grande água-marinha que ela e o pai de Paul haviam comprado durante uma viagem de férias ao Brasil. Seria um vínculo com o pai de Paul que tinha morrido de demência.

Há pouco tempo, perguntei a Paul quais sintomas de demência ele havia percebido em mim, nos primeiros dias do nosso relacionamento. Ele disse que notou que eu ficava cansada facilmente e que tinha enxaquecas ou problemas estomacais com muita frequência por causa da medicação. Ele também reparou que eu demorava um pouco para acompanhar as coisas, principalmente quando se tratava de humor ou ironia. Acho difícil entender piadas, pois, antes do desfecho, muitas vezes já me esqueci do que veio antes. Fora isso, nós curtíamos a companhia um do outro, bater papo, discutir política e acontecimentos mundiais, ou, simplesmente, ficar sentados lado a lado.

Em setembro de 1998, num final de tarde, Paul estava em minha casa preparando o jantar quando o telefone tocou. Era o neurologista de Sydney que eu tinha consultado com Ianthe no mês de maio. Ele estava ligando para me comunicar os resultados dos novos exames de tomografia e testes psicométricos. Ele disse que tinha analisado os novos exames e comparado com os anteriores, que eu havia feito três anos antes. Meu coração ficou apertado. Aquele era o momento da verdade. Será que eu estava ficando maluca ou estava realmente melhorando?

– O padrão de deterioração não parece ser típico de Alzheimer – disse ele. Depois acrescentou: – Embora haja deterioração, está muito mais lenta do que eu esperava. Eu diria que está glacialmente lenta.

O que isso significava? Será que eu viveria o bastante para ver minhas filhas se formarem na faculdade? Será que eu conheceria os meus netos?

– Seria possível eu conseguir viver mais uns dez anos? – perguntei, hesitante.

– Não vejo por que não – respondeu ele –, considerando-se o nível atual de declínio e a maneira com que você consegue manter a sua capacidade funcional. É possível.

Eu achei que "possível" e "glacialmente lenta" eram as palavras mais maravilhosas que eu já tinha ouvido. Paul e eu dançamos ao redor da cozinha, com a esperança de que tivéssemos mais tempo juntos do que havíamos pensado.

Apesar da nossa conexão imediata, eu tive muita cautela quando comecei a sair com Paul. Eu era vulnerável e me protegia; além disso, não queria tomar outra decisão equivocada. Portanto, eu gostaria de dizer que demorou muito tempo para que eu decidisse que queria passar o resto da vida ao lado dele... mas não posso. Quando conheci a mãe de Paul, vi o quanto ele era especial. Eu sabia que ele era o homem certo para mim – e gostaria de tê-lo conhecido quando eu tinha dezessete anos. Tenho certeza de que meu pai, que tinha morrido alguns anos antes, teria gostado muito dele e aprovado nosso relacionamento.

Agora eu estava feliz. Rhiannon disse que eu mudei completamente, que parecia feliz o tempo todo. Já Ianthe, que havia voltado para Sydney para terminar seu curso, ainda não estava convencida sobre meu novo namorado e estava ansiosa para conhecê-lo – o que só aconteceu alguns meses depois.

Karen, minha querida amiga da CSIRO, também estava ansiosa para conhecer Paul. Eu não pensava em mais nada além do meu namoro. Um dia eu perguntei o que ela tinha achado quando comecei a namorar Paul. "Você tinha três filhas, duas com menos de dezoito anos, e sofria de demência. O que ele ia ganhar com isso? Fiquei preocupadíssima!", foi a resposta dela. Acho que analisando a situação por esse ângulo, era um pouco preocupante para minha família e meus amigos.

Logo depois que comecei a namorar Paul, eu fui a Sydney para uma consulta médica e aproveitei para visitar Karen e Roger. Ficamos sentados na sala, conversando, e eu falei tudo sobre Paul. Tempos depois, Karen me disse que a primeira coisa que pensou naquele momento foi que a demência já tinha tomado conta de mim. Ela não acreditava que alguma coisa real e especial estivesse acontecendo comigo, estava ansiosa para saber se aquele homem não estava atrás do meu dinheiro (não que eu tivesse muito) ou até mesmo de alguma coisa mais sinistra, como minhas filhas. Não vamos nos esquecer de que não tínhamos amigos em comum, que eu tinha conhecido Paul por meio de uma agência de relacionamentos. Além disso, eu realmente tinha um péssimo histórico de escolhas de homens. No meio dessa conversa, Paul chegou inesperadamente na casa de Karen. Ele tinha ido a Sydney de surpresa para me acompanhar na consulta e foi me buscar. Maravilha!, pensei. Uma ótima oportunidade para meu namorado conhecer minha melhora amiga. Karen não ficou muito impressionada.

Preciso confessar que minha filha havia dado um apelido para Karen: Franco. Então, com seu jeito "Franco" e direto, após alguns minutos apenas, ela disse:

– Vamos para a varanda.

– Que ideia boa – disse eu. – A noite está linda.

– Não, você não, Christine. Só Paul e eu – retrucou Karen.

Foi um pouco embaraçoso, mas Karen não se deu por vencida. Ela fez perguntas sobre a família dele e sobre seus interesses. Ela perguntou também o que ele via em mim.

No fim, Paul lhe disse: – Eu gosto muito de ficar com Christine. Nunca conheci ninguém que pensa como ela. Adoro suas reflexões intelectuais.

A ficha caiu. – Ah – disse Karen. – Será que *você* também é inteligente como Christine?

Paul ficou sem jeito, mas acabou dizendo alguma coisa como: "As pessoas falam que sim."

Karen percebeu que meu romance com Paul era uma reunião de mentes, além de ser uma conexão em nível emocional. Ela também perguntou (para minha consternação) sobre sua situação financeira e, no fim, ficou satisfeita ao ver que Paul não estava atrás da minha pensão obtida a duas penas.

Então Paul disse o seguinte: "Christine me deixa cuidar dela." E minha amiga finalmente ficou convencida de que Paul me queria pelo que eu era – e a demência era uma parte significativa –, e que ambos teríamos muito a ganhar com o nosso romance. Karen me disse que se sentia responsável por mim, que seria errado deixar que eu tivesse um relacionamento com um homem que não estivesse genuinamente interessado em mim pelo que eu era, uma vez que meu julgamento possivelmente estava prejudicado pela demência. Além disso, ela achava que minhas filhas não estavam em posição de me dizer quem eu deveria namorar, mas que ela, como amiga, poderia ser capaz de intervir de alguma maneira. Na época eu fiquei perplexa com a interferência de Karen, mas hoje fico comovida e acho que tenho muita sorte por ter uma amiga que cuida de mim.

Alguns meses depois que Paul e eu começamos a nos ver, esperei o dia em que Ianthe e Rhiannon (que nessa época estava na universidade) viessem nos visitar e convidei Paul para almoçar. Elas já o conheciam, mas essa era a primeira vez que todos nós fazíamos uma refeição juntos. Depois do almoço, Paul se levantou e fez um pequeno discurso. Ele levantou a taça e prometeu às minhas filhas que a única mão que ele levantaria seria para me ajudar. É fácil entender por que algumas lágrimas foram derramadas, em vista do trauma do meu primeiro casamento, e acho que foi naquele momento que minhas filhas aceitaram verdadeiramente Paul em nossas vidas.

Paul e eu começamos a fazer sólidos planos de viver juntos para o resto das nossas vidas, embora achássemos que a minha vida seria interrompida pela demência. Paul logo disse que precisávamos visitar minha família na Inglaterra e na Bélgica, pois eles também deviam estar preocupados com a presença dele na minha vida. Então lá fomos nós, para que Paul passasse novamente pelo "corredor polonês" do escrutínio das pessoas que me eram próximas, que se importavam realmente comigo e queriam o melhor para mim. Ele foi recebido por minha mãe e minha irmã na Inglaterra, e depois por minha avó e minha tia na Bélgica, que tiveram a oportunidade de ver que Paul era um homem honesto e transparente, que ficaria comigo não importa o que a vida nos reservasse. Paul foi examinado por quatro gerações da minha família – minhas filhas, minha irmã, minha mãe e minha avó – e foi aprovado com louvor.

Paul sempre tinha sido um cristão não praticante, mas depois que me conheceu ficou mais envolvido e passou a frequentar a igreja comigo. No final de 1998, tornou-se oficialmente membro da Igreja Anglicana.

Em julho de 1999, doze meses depois do nosso primeiro encontro, Paul se ajoelhou na capela da faculdade de St. Mark, onde eu estudava, e me pediu em casamento, oferecendo um anel com uma linda água-marinha. Eu disse sim.

Um mês depois, Paul e eu nos casamos, pois não sabíamos quanto tempo ficaríamos juntos.

Minha irmã e sua família puderam comparecer ao casamento, pois estavam livres para passar algumas semanas daquele mês de agosto na Austrália. Meu cunhado me conduziu ao altar, no lugar do meu pai. Como eu queria que papai pudesse ter conhecido Paul! Os dois gostavam muito de música clássica, e ambos eram leais, amorosos e generosos.

Esse foi o casamento que eu sempre quis: com um homem gentil e amoroso, cercada por minha família e meus amigos. Foi uma comemoração de uma vida recém-descoberta e de esperança no futuro, por mais curto que ele fosse. A atmosfera era visivelmente alegre quando nossas famílias, a comunidade da igreja e nossos amigos testemunharam nossos votos. Minhas filhas ficaram com os olhos marejados de lágrima ao verem que eu estava radiante de felicidade.

O casamento foi organizado pela comunidade da igreja – eles tomaram todas as providências, desde as flores até os convites. Só precisei comprar o vestido, que era dourado, bem clarinho, com um bolero em tons de dourado e prateado. Meu cabelo estava preso e tinha um arranjo de rosas de Banksia amarelas – uma flor típica australiana que florescia e ainda floresce no meu jardim, pois me lembra Paul. Nas mãos eu levava um buquê de orquídeas cor de creme. Nossas testemunhas eram Ian, irmão de Paul, e minha irmã Denise. Eu estava uma pilha de nervos, as flores literalmente tremiam em minhas mãos no caminho para o altar, pois eu era o centro das atenções. Era um dia lindo e ensolarado de agosto, com céu azul, e eu me apoiei no braço do meu cunhado, que me amparava e me ajudava a vencer o medo de entrar na igreja. A música de entrada, "Unchained Melody", começou a tocar, e sua letra expressiva lembrava a todos os presentes que Paul e eu ficaríamos juntos por toda a vida.

Tentamos nos preparar para o pior: imaginamos que teríamos no máximo dez anos juntos, possivelmente até menos, antes que o meu declínio começasse a se acentuar significativamente. Não tínhamos nenhum plano grandioso de viajar ou construir uma casa, só queríamos aproveitar esse tempo para nos conhecer, conversando, lendo e ficando juntos em silêncio. Ambos percebemos que tínhamos paixão por ajudar outras pessoas, e Paul tinha ficado envolvido com as atividades da igreja, como ministro em visitas a prisões. Gosto de brincar que no início do nosso casamento Paul passava grande do tempo nas prisões – na verdade, ele ainda passa –, mas isso não me preocupava. Gosto de pensar que estávamos dedicando parte da nossa vida ao próximo, e a dedicação de Paul para com as pessoas só me fazia amá-lo ainda mais.

Hoje, parece que fomos feitos um para o outro. Sinto como se tivéssemos passado a vida inteira juntos e, ao mesmo tempo, como se tivéssemos acabado de nos conhecer. Ainda temos muito a compartilhar e muitas coisas para fazer. É quase como se nossas vidas antes fosse um aprendizado, que nos preparou para os anos que estamos passando juntos.

UMA NOVA VOCAÇÃO

Em maio de 1998, logo depois de ter escrito meu primeiro livro, mas que ainda não havia sido publicado, decidi que era hora de voltar à Associação Australiana de Alzheimer e conversar com as pessoas daquela organização sobre a necessidade de oferecer apoio às pessoas que sofrem de demência, e não apenas aos seus cuidadores.

A Associação Australiana de Alzheimer em Camberra situava-se em cima de um banco num movimentado centro de compras. Não telefonei antes avisando que ia – eu não queria que me dissessem para não ir. Pensei em simplesmente aparecer por lá e ver o que aconteceria. Levei comigo a primeira prova de *Who Will I Be When I Die?*, na esperança de que me desse alguma credibilidade como uma portadora de demência que estava determinada a mudar a maneira como a doença e os pacientes eram vistos.

Naquele dia eu me encontrei com a diretora-executiva da Associação Australiana de Alzheimer na capital, Michelle McGrath. Ela usava um vestido verde-bandeira, era ruiva e parecia ser uma pessoa esfuziante. Simpática e calorosa, Michelle ficou muito interessada em minhas ideias sobre como oferecer apoio às pessoas que sofriam de demência, pois ela estava pensando em expandir os serviços da organização exatamente neste sentido. Combinamos de criar um grupo experimental de apoio para ver se seria útil aos pacientes e às suas famílias. Michelle identificou três mulheres, mais ou menos da minha idade, que tinham demência e que ela achava que estariam interessadas em participar do projeto, e passamos a nos reunir semanalmente para tomar café nos escritórios da associação. Michelle atuava como facilitadora nessas reuniões; ela me fez sentir como se eu fosse uma cofacilitadora, o que elevou bastante a minha autoestima.

Foi um marco na vida de nós quatro, que convivíamos com a demência.

Era a primeira vez que conseguíamos falar com outras pessoas que tinham experiências, temores, preocupações e problemas cotidianos semelhantes. Podíamos falar sem nos sentir julgadas quando esquecíamos uma palavra ou não conseguíamos nos lembrar do que íamos dizer. Podíamos simplesmente relaxar e sermos nós mesmas, sem ter de nos esforçar para sermos "normais". Era a primeira vez também que conseguíamos falar sobre os aspectos realmente assustadores da doença, sobre o desespero que às vezes sentíamos, sem achar que estávamos aborrecendo as outras pessoas. Antes, só podíamos falar com as pessoas que, apesar de muito bem-intencionadas, não tinham demência, não entendiam o que estávamos passando e possivelmente tinham muito medo de conhecer os recônditos escuros por onde, às vezes, nossas mentes transitavam.

Depois que Paul me conheceu, ele passou a se interessar pelo que eu fazia e, em 1999, ofereceu-se para ajudar a formar outro grupo de apoio. Esse era um grupo maior, e nós nos reuníamos uma vez por semana num centro comunitário local. Nós tomávamos chá e eventualmente saíamos para dar um passeio. Algo que aflorava com frequência nas discussões desses grupos era o conflito que a pessoa que sofria de demência tinha com o cuidador. Muitas coisas contribuíam para isso, e os problemas eram de ambos os lados, tanto em relação aos portadores de demência como aos cuidadores: falta de informações sobre a doença, falta de compreensão e empatia, pressuposições, falta de comunicação, medo de levantar questões que pudessem causar sofrimento e, obviamente, tensões anteriores na família.

Paul e eu havíamos tido muita sorte em muitos aspectos – nós nos conhecemos depois do meu diagnóstico, de modo que Paul não teve a experiência de descobrir que sua esposa tinha demência nem teve de passar pelo choque e pelo sofrimento de perder "meu antigo eu" e a nossa vida anterior. Eu tinha demência quando nos casamos, e nós construímos a nossa vida juntos, desde o começo, com base nas limitações que a doença poderia impor. Naturalmente chegaria o dia em que Paul iria sofrer pela minha perda da capacidade funcional e de memória, mas naquele momento, e certamente no início do nosso relacionamento, fomos abençoados por escapar da sombra que a demência geralmente lança sobre um relacionamento.

Por causa do conflito, da falta de comunicação e da falta de compreensão da doença, Paul e eu (sob a orientação de Michelle McGrath) começamos a realizar seminários para pessoas com demência e seus cuidadores. Esses seminários eram esclarecedores para todos. Um bom exemplo da necessidade de um fórum como esse foi o de um homem cuja esposa começou a fazer tudo para ele a partir do momento em que ele foi diagnosticado com a doença – ela queria cuidar dele da melhor maneira que pudesse. Ela inclusive separava as roupas dele todas as manhãs, para que ele não tivesse de tomar uma decisão sobre o que usar. O homem achava que isso era degradante – ele estava sendo tratado como criança –, mas não tinha coragem de dizer à esposa como se sentia, pois sabia que ela estava sofrendo e só queria ajudá-lo da melhor maneira possível.

Aqueles fóruns eram uma excelente oportunidade para explicar aos cuidadores que, nos primeiros estágios da demência, as pessoas podem ser auxiliadas a fazer muitas coisas sozinhas, e que é importante que eles as incluam nas escolhas que fazem e que as ajudem a fazer o máximo possível pelo maior tempo possível. Mas eram também uma oportunidade para estimular quem sofre de demência a manter os familiares e amigos informados sobre seus desejos e seu estado de espírito, que obviamente diferem de pessoa para pessoa.

Nos últimos dezoito anos ou mais, eu falei para grupos em todo o mundo sobre o que é ter demência. Eu me considero uma "especialista na experiência viva da demência". Uma vez ouvi alguém que tinha uma doença mental se descrever dessa maneira e achei perfeito. Nenhum cuidador, nenhum médico, nenhum neurologista ou outro especialista que nunca teve demência compreende verdadeiramente o que nós passamos. Eu sei coisas que eles não sabem e, como a minha doença tem evoluído muito lentamente, tenho sido capaz de passar mais horas do que a maioria das outras pessoas falando sobre as minhas percepções, tentando mudar, pouco a pouco, o mundo para melhor para todos aqueles que vierem depois de mim.

Minha primeira palestra pela Associação Australiana de Alzheimer, no entanto, não foi nada auspiciosa. Frank Schaper, presidente da Associação Australiana de Alzheimer da Austrália Ocidental, estava organizando o congresso nacional de 1999, que seria realizado em setembro na cidade de Mandurah, perto de Perth. Ele tinha lido meu livro e me convidou para fazer uma palestra. Frank disse o seguinte a respeito dessa decisão: "Foi a primeira vez que convidamos alguém que tinha demência para falar num fórum público.... isso batia de frente com o pensamento convencional sobre pessoas com demência. Ela estava realmente desafiando tanto a organização como os cuidadores a se perguntarem: 'Será que temos de repensar o nosso papel como cuidadores?' Portanto, foi bastante desafiador e confrontante."

Para alguns foi confrontante demais. Depois da palestra, eu estava num jantar em Perth quando ouvi o diretor-executivo de uma Associação de Alzheimer de outro estado dizer: "Mas como portadora de demência ela não tem credibilidade". Aparentemente, para ter credibilidade é preciso estar nos estágios finais da demência, sem reconhecer os familiares e os amigos, sentado numa cadeira, com o olhar perdido e incapaz de dar uma contribuição significativa sobre as maneiras de lidar com a doença.

Na manhã seguinte, houve um café da manhã para os membros da comissão da Associação Australiana de Alzheimer. Na minha frente sentou-se uma mulher que tinha entrado para a Associação porque o marido tinha demência. Nervosa e agitada, ela dizia coisas como: "Não consigo fazer isso" e "É muito difícil ouvir você", sempre que eu falava. Chegou num ponto em que Paul e eu fomos embora, comigo em prantos. Pouco tempo depois eu descobri que o marido daquela mulher tinha sido diagnosticado com demência mais ou menos na mesma época que eu, mas que não conseguia mais se comunicar. E o fato de ver que eu ainda estava tão bem a tinha deixado muito angustiada. Acho que o que ela estava realmente dizendo era "Por que você consegue falar e meu marido não?"

Eu não tinha resposta para essa pergunta, mas fiquei perplexa com a atitude dela. Eu simplesmente não entendo por que alguém iria organizar um congresso ou uma reunião para discutir demência e excluir a pessoa diretamente afetada pela doença. Não é somente preconceituoso, é ilógico. É como organizar um congresso sobre feminismo sem consultar nenhuma mulher. Os especialistas não deveriam participar?

Fiquei muito abalada, também, com a questão da minha credibilidade. Será que as pessoas realmente achavam que eu estava fingindo ter demência? Será que elas achavam que eu faria isso para obter fama ou por diversão? Até hoje tem gente que não acredita que tem alguma coisa errada comigo. Quem dera isso fosse verdade! Embora a minha palestra no congresso de modo geral tenha sido bem recebida, foi um duro golpe saber que algumas pessoas não tinham acreditado em mim.

Aquele congresso me fez ver que seria uma luta monumental fazer com que qualquer pessoa – que dirá importantes tomadores de decisão – reconhecesse as necessidades das pessoas com demência. Acho que elas se perguntavam como podíamos ter alguma necessidade que devesse ser levada em consideração se não tínhamos clareza de visão nem éramos capazes de falar? Esse era o cerne do problema. Precisávamos provar que não éramos cabeças-ocas para que nos ouvissem, acreditassem em nós e nos ajudassem.

Eu me sentia sozinha nessa batalha aparentemente inglória. Mas, logo depois daquele congresso, um dos meus contatos na Associação Australiana de Alzheimer me disse que alguém nos Estados Unidos tinha lido meu livro e queria muito entrar em contato comigo. Ele perguntava se podia lhe dar o meu endereço.

Eu disse que sim, obviamente. A pessoa era Morris Friedell, um professor de sociologia americano que também tinha demência. Sua amiga Laura Smith tinha criado um grupo de apoio na internet que, na época (2000), chamava-se *Dementia Advocacy and Support Network* (DASN). Mais tarde, a palavra "internacional" foi adicionada ao nome para refletir seu alcance global. Fiquei interessada em entrar para esse grupo imediatamente e fui apresentada a uma comunidade mundial que eu não sabia que existia. Foi muito bom conhecer pessoas de todas as partes do mundo que tinham demência. Elas eram como eu – tinham esperança de se conectar, queriam expor a sua opinião e desafiar as ideias pré-concebidas sobre demência e as pessoas que tinham demência. De repente, eu senti que não estava mais enfrentando aquela batalha sozinha.

Por volta de 2004, uma jovem escritora que era também neurocientista em Harvard entrou em contato com a DASN por meio de uma sala de bate-papo *online*. Seu nome era Lisa Genova e ela estava escrevendo seu primeiro romance, a história de uma mulher que tinha demência de início precoce. Ela queria saber se podia conversar conosco sobre a nossa experiência com a doença. Todos nós estávamos totalmente abertos e encantados com a possibilidade de ajudar alguém do mundo exterior que se interessava por demência. Lisa escreveu um romance intitulado *Still Alice* (Para sempre Alice), que publicou inicialmente por conta própria, colocava no porta-malas do carro e vendia. Mas depois de pouco tempo o livro foi adquirido pela editora internacional Simon & Schuster e, em 2014, foi transformado em filme. Tenho muito orgulho de Lisa, de quem me tornei amiga; tenho orgulho também de ter feito parte do seu romance, que é um retrato rico e sutil de uma mulher que sofre de demência. O livro põe em xeque as ideias preconcebidas de que a demência é parte normal do envelhecimento e revela as dificuldades que enfrentamos diariamente.

Morris e eu nos comunicamos pela internet durante vários meses, e eu lhe disse que tinha planos de participar do próximo Congresso Nacional da Associação Australiana de Alzheimer, que seria realizado em Camberra em 2001. Como eu tinha vivido nos meios científico e universitário por muitos anos, participar desses congressos parecia algo natural para mim. Morris, como professor, também estava acostumado a falar em público. Nós acabamos combinando de fazer uma palestra conjunta no congresso, com uma apresentação em PowerPoint que reunia nossas ideias e nosso conceitos.

Além disso, nós discutimos com a Associação Australiana de Alzheimer sobre a possibilidade de organizar um grupo consultivo que se reuniria durante o congresso – esse seria o primeiro grupo consultivo da Austrália formado somente por pessoas com demência. Eu entrei em contato com todas as unidades da Associação Australiana de Alzheimer, de todos os estados, e pedi que cada uma delas indicasse duas pessoas que tinham demência e estivessem interessadas em participar de um *workshop* no congresso nacional. Em pouco tempo eu consegui cerca de dez pessoas de todas as partes do país. A maior dificuldade era vencer o obstáculo dos cuidadores; quando eu telefonava, a pessoa geralmente me dizia algo como: "Meu marido (ou minha esposa) tem Alzheimer. Seria melhor falar comigo". Eu tinha de explicar que sabia que ele tinha Alzheimer – que era exatamente por isso que eu precisava falar diretamente com ele. Quando o congresso começou, Paul foi o no nosso "leão de chácara": ele ficava na porta e "despachava" educadamente maridos, esposas, filhos e todos os cuidadores das pessoas que queríamos que fizessem parte do nosso grupo consultivo. Era muito importante que pudéssemos fazer isso sozinhos, e Paul, como marido de alguém que tinha demência, tinha as condições ideais para explicar isso diplomaticamente.

Essa iniciativa foi extremamente positiva para todos nós. Nós elaboramos um relatório com a nossa opinião sobre todos os pontos importantes, que foi intitulado *Consumer Focus Report*. O relatório também convocava a Associação Australiana de Alzheimer à ação.

Uma das coisas importantes que discutimos – e tenho orgulho de dizer que mudamos – foi o logotipo da Associação Australiana de Alzheimer. Naquela época era um desenho gráfico de figuras simplificadas que representavam duas pessoas, uma sem braço e oca e a outra em cor sólida. A pessoa oca (que representava a pessoa com demência) estava sendo abraçada pela pessoa sólida (o cuidador). O logotipo refletia claramente os objetivos iniciais da Associação Australiana de Alzheimer: fornecer suporte àqueles que cuidavam de pessoas com demência. Mas para nós era insultante e equivocado. A pessoa que tem demência não é uma sombra oca, inútil e sem alento. Nós queríamos ser retratados como pessoas dinâmicas, que contribuíam e ajudavam com seus próprios cuidados, cujas vidas tinham um significado. O novo logotipo mostrava duas representações simbólicas de pessoas, do mesmo tamanho, de mãos dadas. Talvez a mudança dessa imagem tenha sido um pequeno passo, mas que significou muito para as pessoas afetadas pela doença. Talvez tenha representado o verdadeiro início dos meus esforços no sentido de mudar a maneira como o mundo nos vê.

No congresso em Camberra, a apresentação que Morris e eu havíamos preparado seria feita no auditório – o que significava que seria dirigida a todo o congresso, e não apenas a um punhado de participantes numa pequena sessão. Durante meses nós trabalhamos juntos, cada um na sua casa, trocando ideias por e-mail enquanto eu preparava a apresentação.

Morris voou para a Austrália nas vésperas do congresso e se hospedou em minha casa. Quando ele chegou, falamos sobre nós mesmos, sobre a nossa demência, sobre o significado da vida, sobre o conceito de individualidade. Morris é muito inteligente e, assim como eu, não está preparado para voltar atrás e se permitir afundar na demência e na inutilidade. Foi uma época desafiadora, exaustiva e ao mesmo tempo empolgante para mim. Estimulada por meu novo amigo, foi aí que comecei a me ver sob uma nova luz: alguém que podia fazer mais, que podia realmente defender as pessoas com demência.

Eu discorro em detalhes sobre a minha palestra no meu livro *Dancing with Dementia* (Dançando com a demência, em tradução livre), mas a sua essência está nesta frase, que Morris usou em seu resumo: "Podemos descobrir maneiras de participar da vida com generosidade e afeto, restaurando o nosso sentimento de valor e significado. Assim fortalecidos, descobrimos novamente que podemos enfrentar e vencer os desafios e afirmar a nossa coragem e a nossa dignidade."

Na palestra, nós rebatemos a crença de que as pessoas com demência são uma concha vazia. Pelo simples fato de comparecer e falar no congresso, Morris e eu derrubamos essa crença. Afinal, éramos duas pessoas inteligentes, comparativamente jovens, dinâmicas e esforçadas que falavam inteligentemente sobre o nosso cérebro e a nossa sociedade, exatamente o oposto do que vem à mente das outras pessoas quando elas pensam em demência. Morris falou em permitir que as pessoas com demência levassem uma vida dotada de sentido, e que mesmo quando perdemos a nossa função cognitiva e a memória, ainda conseguimos nos comunicar muito bem e nos expressar emocionalmente. Paul, que ficou no fundo da sala enquanto falávamos, disse que muitas pessoas, comovidas com nossas palavras, pegavam lenços de papel para enxugar as lágrimas.

Com Morris, eu estava descobrindo o que eu queria conquistar para as pessoas com demência e para mim mesma. Eu conseguiria continuar a contribuir de forma significativa para o meu mundo, sentir que eu ainda tinha valor. Encontrar Paul e me apaixonar por ele representou um grande passo para que eu me sentisse valorizada pelo que eu era, apesar da demência, mas isso estava abrindo a minha mente para uma maneira totalmente nova de ver o mundo e o lugar que eu ocupava nele. Seria bom para o meu cérebro e para o meu intelecto, apesar da demência.

Viajar não é fácil para as pessoas que têm demência. E não é difícil entender por quê: a viagem altera a sua rotina, estar em locais estranhos e rodeado de rostos desconhecidos pode ser confuso, o *jet leg* desregula o ritmo circadiano e o cansaço pode prejudicar a cognição e a memória. Não é algo que se tira de letra. Algumas pessoas evitam viagens a todo custo e essa é uma decisão compreensível e, às vezes, sensata. Outras, no entanto, como eu, querem visitar lugares novos, passear, aprender coisas novas e conhecer outras pessoas. Durante toda a minha vida eu viajei muito a trabalho e para mim é natural continuar viajando. Quando fui diagnosticada, era mais fácil viajar do que hoje em dia, mas ainda viajo, embora tenha de adotar várias estratégias e fazer muitos planejamentos (consulte o anexo: "Recomendações"). Nem preciso dizer que eu não poderia fazer isso sem Paul.

Comecei a chamar Paul de meu "facilitador" em 2012, durante uma viagem ao Japão. A nossa plateia japonesa ficou fascinada por esse novo termo, tentando imaginar como traduzi-lo com precisão. Não quero me referir a ele como meu cuidador, pois isso quer dizer que eu não consigo fazer mais nada sozinha. E no começo eu tinha usado o termo "parceiro de cuidados", para tentar deixar claro que ambos estávamos envolvidos nos meus cuidados.

Hoje prefiro muito mais a palavra "facilitador", pois passa a ideia da maneira com que Paul me estimula a continuar fazendo o máximo que eu posso. O nosso relacionamento ainda se baseia em cooperação e reciprocidade. Nós ainda curtimos a companhia um do outro; eu faço a minha parte dos afazeres domésticos, e nós dois continuamos a trabalhar – eu na defesa das pessoas que sofrem de demência e Paul na capelania prisional e no apoio à minha causa. Mas não sou ingênua a ponto de pensar, nem mesmo por um segundo, que eu seria capaz de fazer grande parte do que faço sem meu marido. Uma vez eu contei ao meu médico tudo o que Paul faz para me ajudar e ele comentou: "Paul é melhor do que a medicação". Essa é a pura verdade.

No entanto, Paul não faz as coisas para mim. O que quer que ele faça, é sempre no sentido de me capacitar a fazer por mim mesma. Paul planeja nossas viagens para que eu possa falar em congressos, viajar, encontrar os parentes. Quando não consigo me lembrar de uma palavra, ele nunca fala por mim, mas me dá uma dica, como a primeira sílaba. Todas as noites, ele se senta comigo para tomar uma cerveja enquanto admiramos o pôr do sol e conversamos sobre o nosso dia. Ele me dá dicas sobre o meu dia e me ajuda a lembrá-lo e a discuti-lo com ele, depois me fala sobre o seu dia. É isso que eu chamo de facilitador. Isso não funcionaria para todas as pessoas que têm demência; algumas provavelmente não poderiam pensar em nada pior do que serem forçadas a pensar numa palavra que escapou à sua memória, mas Paul e eu chegamos a essas estratégias descobrindo como cada um de nós lida melhor com os desafios da demência.

Quando viajamos, Paul faz todo o trabalho cansativo e o planejamento. Eu sei que isso está além da minha capacidade hoje. E ele toma todas as providências para que eu me divirta e nós dois possamos desfrutar ao máximo a viagem. A primeira viagem que fizemos juntos para o exterior foi uma grande turnê: Nova Zelândia, Estados Unidos (Montana), Canadá (Toronto e Ottawa), Londres, Berlim, Polônia e Índia. Depois da viagem eu tinha pouquíssimas lembranças dela, mas Paul tirou fotos de todos os lugares a que fomos e montou um álbum que dei a Micheline como *souvenir*. Uns dois anos depois da viagem, eu folheei o álbum e senti uma estranha conexão ao me ver em todos aqueles lugares nos Estados Unidos e na Europa. Muitas das fotos não me remetiam a nada. Elas não me lembravam dos lugares nem das pessoas, tampouco dos eventos que eu tinha participado. Mas isso não me perturbou muito. Eu curti olhar as fotos e conversar com Paul sobre o que fizemos – às vezes algo que ele falava despertava uma leve recordação –, e era muito bom pensar que eu tinha estado em todos aqueles lugares, apesar de não conseguir me lembrar deles.

Há alguns anos, eu assisti a uma palestra de um professor americano chamado doutor Cameron Camp sobre abordagens montessorianas para pessoas que sofrem de demência. Ele pediu às pessoas da plateia que tentassem se lembrar do que tinham comido no jantar em determinada data. Ele citou uma data específica, por exemplo, 17 de setembro do ano anterior, uma tarefa impossível para qualquer um, obviamente. Ninguém conseguiu se lembrar do que tinha comido no jantar naquela noite específica um ano antes. Mas, como disse o doutor Camp, o fato de não conseguirmos nos lembrar do que comemos não significava que não tínhamos gostado da refeição. E não é por que não nos lembraríamos do jantar desta noite daqui a algumas semanas que isso significa que não tinha sido delicioso. Acontece mais ou menos a mesma coisa com as pessoas com demência. Não é preciso memória para curtir uma atividade. É verdade, é bom nos lembrar de uma atividade passada, mas ainda assim podemos curtir as atividades no momento em que as realizamos e constatar que nos divertimos quando olhamos fotografias e sentimos as emoções associadas aos eventos, mesmo que não sejam os eventos reais.

Eu me lembro de quando estivemos em Montana, em parte, creio, por ter sido um período muito importante da minha vida, pois eu falei, escrevi e pensei muito sobre isso desde então. Em Montana eu reencontrei Morris Friedell. Morris me apresentou a outros membros da DASNI:

Laura Smith, Lynn Jackson do Canadá, Jeannie Lee do Havaí, Jan Phillips, Phil Hardt, Mary Lockhart, Carole Mulliken, Alice Young e Candy Harrison. Fiquei feliz e comovida por conhecer essas pessoas pessoalmente, pessoas que tinham me influenciado e me apoiado por intermédio do nosso grupo de apoio online. Em meu segundo livro eu relato um caso que gostaria de reproduzir resumidamente aqui, porque realmente exemplifica a alegria, o humor e os desafios que nós enfrentamos como grupo:

Naquela noite, nós seis fomos jantar numa cidade vizinha, cansados, porém eufóricos, com a nossa nova ação global de defesa. Paul era o único que não sofria de demência, mas ninguém saberia disso ao nos olhar. Nós olhamos o cardápio, escolhemos cuidadosamente nossos pratos e mais tarde os pedidos começaram a chegar.

A garçonete perguntou: "Quem pediu massa?", mas ninguém respondeu. Então ela perguntou: "Quem pediu peixe?", e novamente ninguém respondeu. E assim por diante. Paul veio em nosso socorro, entregando o prato certo para cada pessoa. Graças a Deus ele estava lá!

Alguns minutos depois, quando eu conversava animadamente com Lynn sobre as atividades daquele dia, eu empaquei no meio da frase, como acontecia com frequência, enquanto eu tentava desesperadamente me lembrar do nome do lugar em que estávamos nos reunindo [a casa de campo de Laura]. Lynn sabia que eu estava tentando me lembrar do termo "casa de campo" e estava prestes a me dizer, mas ela também estava tentando não se esquecer de que queríamos tomar mais vinho e precisávamos pedir a carta de vinhos.

Naquele exato momento, quando aqueles dois pensamentos estavam girando na cabeça dela, a garçonete foi até a nossa mesa e Lynn lhe perguntou: "Você tem uma casa de campo?"... a garçonete encarou a pergunta com naturalidade e nos contou sobre a casa de campo da família dela.

Depois que ela foi embora, nós nos entreolhamos e caímos na risada. Esse tipo de situação é muito comum entre as pessoas com demência – pensamentos confusos na nossa mente e palavras estranhas saindo da nossa boca. Por fim, Paul chamou a garçonete e pediu a carta de vinhos.

Eu adoro essa história, porque ela demonstra como faz bem socializar com outras pessoas que têm demência (e, obviamente, ter alguém como

Paul que nos capacita em vez de nos menosprezar). O meu conselho é que você fique em contato com outras pessoas que têm o mesmo problema que você. Vocês podem rir de coisas que ninguém mais realmente compreende, podem se divertir e curtir a companhia do outro sem fazer julgamento. E podem se estimular a continuar tentando, vivendo e batalhando. A Associação Australiana de Alzheimer pode lhe orientar a encontrar um grupo de apoio – que você seja um portador de demência que quer trocar experiências com outras pessoas ou o cuidador de um membro da família que quer conhecer outros cuidadores.

Existe uma organização mundial chamada ADI - Associação Internacional da Doença de Alzheimer, sediada em Londres. (Se você estiver ficando confuso com todos os nomes de organizações de apoio à demência, só posso dizer que hoje em dia sabemos muito sobre demência, mas há trinta anos acreditava-se que a maioria das demências era causada pela doença de Alzheimer. Por esse motivo, a maior parte dos grupos de apoio e das organizações de pesquisas tem "Alzheimer" no nome, mas cuidam de pessoas afetadas por todas as formas de demência.) A ADI começou com apenas alguns especialistas, inclusive o Professor Henry Brodaty, o mais destacado psicogeriatra e especialista em demência da Austrália, e se tornou uma federação mundial de oitenta organizações nacionais de demência. Eles realizam congressos todos os anos, onde são divulgadas as mais novas pesquisas sobre demência realizadas em todo o mundo; além disso, fornecem informações sobre os cuidados das pessoas que sofrem de demência, criam comunidades de apoio aos dementes, organizam todos os tipos de seminários e sessões informativas e promovem discussões sobre captação de recursos.

Nos últimos vinte anos muita coisa mudou nas pesquisas sobre o cérebro e sobre demência. Por um lado, as pessoas estão sendo diagnosticadas muito mais cedo do que antes; por outro, hoje existem mais medicamentos que fazem com que elas tenham uma expectativa de vida maior e mantenham a memória e a função cognitiva por mais tempo. Isso significa que quando as primeiras organizações de demência foram criadas, elas tinham propostas muito diferentes. Havia um modelo de alto nível de cuidados para pessoas com demência nos estágios finais da doença, quando elas não conseguiam mais reconhecer os familiares e amigos. Eu sempre achei que é importantíssimo que nos estágios mais avançados da demência as pessoas sejam bem cuidadas, muito melhor do que são atualmente, com relação à sua dignidade como ser humano. Mas quando fui diagnosticada, havia uma grande lacuna no apoio que era oferecido para pessoas que estavam nos estágios iniciais da doença.

Essa era a minha determinação naquela época e também da DASNI. Nos estágios iniciais da demência as pessoas têm incapacidades funcionais e precisam de apoio. Mas é necessário também reconhecer as capacidades. Nós queríamos ser ouvidos, mas não éramos.

Em Montana, nosso objetivo era redigir uma proposta conjunta para a Associação Internacional da Doença de Alzheimer com o intuito de estimulá-la a mudar a sua filosofia e ser mais inclusiva. Fizemos a seguinte recomendação: "A ADI e suas organizações-membro devem providenciar para que as pessoas com demência, bem como seus cuidadores, participem de todas as suas atividades, inclusive política, programa, congressos e defesa, bem como participem das estruturas de consultoria e administração."

Depois que redigimos a proposta juntos em Montana, eu fui para Londres com Paul a fim de me encontrar com o presidente, o diretor-executivo e um funcionário da ADI para falar sobre ela. Foi uma reunião exasperante para mim; eu estava com medo de estar sendo minuciosamente analisada e de que aquelas pessoas importantes estivessem imaginando se eu realmente tinha capacidade para redigir a proposta que tínhamos apresentado. Felizmente, a reunião foi ótima. O executivo ficou feliz em nos dizer que a nossa proposta tinha sido providencial e muito útil, e que a ADI estava pronta a dar início a uma abordagem mais inclusiva e mais ampla de apoio às pessoas com demência e incluí-las em suas estratégias. Eles iriam distribuir a nossa proposta a todos os membros da ADI no próximo congresso, que seria em Christchurch, Nova Zelândia, em 2001, e criar um grupo de trabalho para preparar uma resposta para ser analisada no congresso de 2002, que seria realizado em Barcelona.

Mas o meu envolvimento não parou por aí. Quando voltei para casa, em Camberra, havia um convite esperando por mim para fazer uma palestra no congresso no plenário da ADI em Christchurch. Minha jornada de defesa estava só começando.

No congresso de Christchurch eu fui a primeira pessoa com demência a fazer uma palestra. Um aspecto memorável desse congresso foi a oportunidade que eu tive de conhecer pessoas antes de fazer minha palestra.

Elas me perguntaram qual era a minha conexão com a demência e respondi que eu tinha demência. Esse foi o começo de várias conversas um tanto embaraçosas, mas depois que as pessoas se recuperaram da surpresa, a minha presença logo se tornou algo natural.

Houve um momento desconcertante quando, durante a minha palestra, eu exibi as imagens das minhas tomografias no PowerPoint e disse que as pressuposições sobre as pessoas com demência são perigosas, pois, ao analisar minhas tomografias cerebrais, podia-se presumir que o dono daquele cérebro estava gravemente incapacitado. Meus amigos na plateia ouviram um médico dizer que ele se recusava a acreditar que as imagens do cérebro mostradas na projeção eram minhas. Eu ouço isso de vez em quando: que eu sou uma fraude. Fico ofendidíssima. Não consigo imaginar por que alguém fingiria ter demência. Na verdade, foi porque as pessoas com demência estavam sendo colocadas de lado, ignoradas e ridicularizadas, que eu abracei essa causa. A minha tomografia está no meu site para todo mundo ver e pode ser analisada por especialistas em demência de todos os lugares do mundo (como o professor John Hodges); o site também contém entrevistas que fiz com especialistas. Acho que a relutância em acreditar que eu realmente tenho demência diz muito sobre o modelo médico tradicional para tratar pessoas com demência. Esse modelo não leva em consideração as inúmeras maneiras individuais com as quais a demência afeta cada pessoa, ou que algum grau de reabilitação pode ser possível; esse modelo se baseia somente em tomografias e testes, em vez de adotar uma abordagem holística.

No ano seguinte, eu participei do congresso de Barcelona. Fiquei orgulhosa ao assistir um dos amigos que fiz pela internet, Peter Ashley, falar para todo o congresso em nome das pessoas com demência. Nesse congresso, fui convidada a dar palestras em todo o mundo no ano seguinte, para falar sobre a minha experiência pessoal com a demência. Eu aceitei o maior número possível de convites, inclusive uma viagem ao congresso da ADI em Santo Domingo. Seria emocionante, exaustivo, inspirador e instrutivo. Mas o ano de 2002 ainda não tinha terminado.

UM DIA LINDO

Em março de 2002, Paul e eu nos mudamos da fria Camberra para a quente e ensolarada Queensland. Nessa altura minhas três filhas já tinham saído de casa. Na rota da nossa turnê mundial em 2001 nós incluímos uma ida à Ilha de Bribie, situada ao norte de Brisbane, para visitar meu primo. Era inverno e Camberra estava fria e cinzenta, o sol quente brilhando nas águas calmas de Pumicestone Passage parecia o paraíso. Eu passei os meses seguintes suplicando, atazanando Paul, até que ele concordou em se mudar para Queensland, cujo slogan da Secretaria de Turismo era "Um dia lindo, o outro perfeito".

Era uma verdadeira loucura. Não se recomenda às pessoas que sofrem de demência fazer grandes mudanças se elas puderem evitar e mudar de estado sem uma boa razão, a não ser porque "o clima é melhor", é procurar encrenca. Qualquer mudança é sempre estressante para qualquer um. Mudar-se para um lugar que fica a mil quilômetros de distância de tudo e de todos que você conhece é ainda mais estressante. Some-se a isso um cérebro com déficits como o meu e tem-se uma receita para o desastre. Eu estava arriscando acordar angustiada todos os dias porque não sabia onde estava. Eu estava retirando de mim e de Paul uma rede de apoio que construímos ao longo de muitos anos em Camberra. Estava me afastando das pessoas em quem eu confiava: minha médica, meu neurologista e minha família. Havia muito mais razões para ficar do que para me mudar. Então, por que nós nos mudamos?

Saber que não se tem muito tempo de vida pode ser um grande motivador. Tenho certeza de que passou pela cabeça de Paul que esse podia ser o meu desejo de moribunda e talvez ele quisesse me dar algo que eu queria tanto, sabendo que podíamos ter apenas mais alguns anos juntos.

Meu desejo de me mudar para o norte era tão intenso que eu não pensei muito na época. Mas agora, anos depois, assentada numa vida feliz e pacata em Queensland, eu refleti sobre isso.

Durante a maior parte da minha vida eu vivi em ambientes frios e urbanos e em grande parte desse tempo eu travei batalhas pessoais. A fria e cinzenta Amsterdã na década de 1970, um período turbulento da minha vida em que fui diagnosticada com anorexia e me sentia solitária e deprimida.

Oxford, com seu inverno rigoroso e eterno nevoeiro de onde eu estava desesperada para escapar um pouco antes de ir para a Austrália. A casa geminada escura e suja em que morei com meu primeiro marido, quando ele começou a me bater, que embora não fosse fria permanecerá sempre na minha memória como escura e cinzenta. E a fria Camberra, onde fui diagnosticada com mal de Alzheimer. Houve alguns momentos de felicidade nesses lugares. Tenho boas lembranças da infância das minhas filhas em Camberra e Sydney, do encontro com Paul, do prazer que eu sentia pelo meu trabalho e do meu desenvolvimento profissional. Mas a minha vida sem dúvida não tinha sido fácil e eu sentia uma necessidade enorme de recomeçar uma vida nova e feliz numa área semirrural ensolarada e pacata – exatamente o oposto de tudo o que eu tinha conhecido. Acho que meu cérebro estava programado para seguir esse instinto, talvez desde o momento em que cheguei à Austrália. E eu não conseguiria ter ido contra esse impulso mesmo que tivesse tentado. Nem Paul. Nós conversamos muito sobre essa mudança, perguntamos a opinião dos amigos e pedimos à comunidade da igreja para orar para que tomássemos a decisão certa. Também consultamos meu neurologista, que foi contra a mudança, mas acabou cedendo: "Como você parece ter sobrevivido à viagem ao redor do mundo, talvez consiga suportar esta mudança."

Sim, eu realmente me preparei para o desastre. Mas sei que o risco valeu a pena, em parte por causa da nossa linda casa e da vida maravilhosa que Paul e eu levamos hoje, e em parte porque tive de fazer meu cérebro trabalhar com afinco para fazer com que a mudança desse certo, o que acho que contribuiu para minhas habilidades cognitivas. Meu cérebro encontrou novas maneiras de enfrentar a situação, talvez criando novas vias ao redor das que estavam danificadas.

Em 2002, nós encontramos uma boa casa para comprar em Bribie e nos mudamos. O ritmo de vida lá era mais lento (tudo o que eu precisava), o clima era excelente e a paisagem, linda. Mesmo assim o primeiro ano foi dificílimo para mim. Paul e eu não iríamos viver num vácuo, então logo nos tornamos membros da igreja local, descobrimos grupos de apoio à demência e encontramos um excelente clínico geral (que ainda é meu médico e meu tesouro).

Mas era difícil me lembrar de todos aqueles rostos novos, todos aqueles lugares novos – tão diferentes dos que eu estava acostumada. Um dos meus maiores déficits mentais é a localização espacial, portanto, era complicado me lembrar onde era o banheiro na minha casa nova. Me lembrar de como chegar ao supermercado local era um esforço hercúleo.

Aquele primeiro ano em Queensland deve ter representado uma mudança monumental para o meu cérebro. Reaprender mapas, reaprender rostos, amigos, nomes. Tudo isso foi feito num cérebro em processo de deterioração. De alguma forma, nós conseguimos. Eu persisti. O meu mantra da infância, "Eu consigo", e a minha vontade férrea estavam me conduzindo ao sucesso. Naturalmente eu estaria perdida sem o apoio facilitador de Paul. Ele ficava o tempo todo ao meu lado, me encorajando, me estimulando, me motivando. Sempre fazendo apenas o suficiente para que eu conseguisse realizar minhas tarefas sozinha, sem deixar que eu ficasse predisposta ao fracasso, mas nunca assumindo a minha vida e permitindo que eu ficasse totalmente dependente dele.

Foi mais um menos nessa época que minha filha do meio, Rhiannon, que tinha vinte e um anos, precisou de "um pouco de colo". As dificuldades do meu primeiro casamento, o divórcio e o diagnóstico de demência não afetaram apenas a mim – naturalmente afetaram também minhas filhas. Rhiannon estava meio perdida, deprimida. Ela não sabia o que queria fazer da vida e Paul e eu a incentivamos a ir morar conosco em Queensland. Uma dose de sol e de ar fresco poderia ser tão benéfica para ela como tinha sido para mim. Vê-la deprimida daquela maneira me deixou preocupada, então sugeri a Paul que pensássemos em embarcar em mais uma aventura: nos mudar para o campo, para que ela pudesse passar mais tempo com seu cavalo. Ela tinha levado o cavalo com ela, mas gastava horas todos os dias entre as idas e vindas ao estábulo para cuidar dele.

Rhiannon amava os cavalos e tinha uma conexão especial com eles – e seu cavalo a tinha ajudado a atravessar períodos muito difíceis na adolescência na época em que minha doença foi diagnosticada. Paul achou que valia a pena tentar e o brilho nos olhos de Rhiannon no instante em que sugeri que comprássemos uma propriedade rural me convenceu que era uma boa ideia. Há muito tempo eu não via aquele brilho nos olhos dela. Encontramos um pedaço de terra pantanosa, em péssimas condições e nada promissora para transformar num sítio próprio para criar cavalos. O planejamento foi um verdadeiro desafio mental para mim e aprendi muito num curto espaço de tempo sobre construção de cercas, limpeza do terreno, semeadura, drenagem, obtenção de licenças de construção, pulverização de ervas daninhas, construção de estábulos etc.

Em meados de 2003, porém, em meio a todos os planos, Paul e eu fizemos uma viagem de três meses ao redor do mundo para cumprir os compromissos assumidos com os grupos que tinham me convidado no ano anterior em Barcelona. Deixamos Rhiannon a cargo de tudo. Ela se dedicou de corpo e alma e se saiu maravilhosamente bem.

Para ajudar nas despesas da viagem, nós vendemos o carro; além disso, eu tive de pedir apoio financeiro ao laboratório farmacêutico que produzia o meu medicamento para demência. Eles concederam e acho que me tornei uma ótima "garota-propaganda" do produto deles! Mas durante a viagem cheguei ao limite da minha resistência, fazendo palestras em lugares tão diversos como Índia, Israel, França, Londres, África do Sul, Brasil, República Dominicana, Taiwan e Japão.

Durante aquele ano, 2003, o trabalho da DASNI estava meio parado. Em parte, essa era uma consequência da evolução inevitável da demência em todos nós – estávamos ficando cansados e perdendo a capacidade de fazer tanto quanto conseguíamos antes. Eu estava começando a me sentir cansada e desiludida; havia ocasiões em que parecia que as nossas metas estavam paralisadas. Mas tudo isso mudaria no meio daquela viagem exaustiva pelo mundo, quando cheguei a Santo Domingo e fui eleita para o conselho da ADI no congresso que estava sendo realizado lá – com o maior número de votos que qualquer indicado já havia recebido. Era uma grande honra para uma pessoa que tinha demência ser incluída na administração desse grupo internacional.

Meu mandato seria de três anos – uma perspectiva assustadora para alguém com uma doença progressiva e fatal – mas fiquei muito feliz em aceitar. E depois de mais algumas paradas naquela turnê e mais algumas palestras, o nosso avião pousou no Japão para a nossa primeira visita àquele país – a primeira de várias outras desde então.

INCIDENTES NO JAPÃO

Eu tinha feito tantas palestras nos anos anteriores que achei que tinha farto material, daquela vez para escrever um livro sobre meu trabalho em defesa das pessoas que têm demência. O livro se chamaria *Dancing with Dementia* (Dançando com a demência) e discorreria sobre o início da minha vida com Paul, sobre o trabalho que realizamos juntos e sobre as mudanças que tinham ocorrido desde 1998. Na verdade, era sobre conviver com a demência – um livro muito diferente de *Who Will I Be When I Die?*, que falava mais do medo que eu sentia de perder minha identidade para a demência. O fato de escrever esses dois livros e continuar viajando, fazendo palestras e falando em nome das pessoas com demência me ajudou a continuar desafiando o meu cérebro.

Meus livros, que tiveram uma ótima vendagem em inglês, são best-sellers modestos no Japão, porque, por mais estranho que possa parecer, sou uma espécie de celebridade naquele país. Eis como tudo aconteceu:

A primeira vez em que fui ao Japão no final da nossa turnê mundial, em 2003, foi graças aos esforços de uma enfermeira geriátrica extraordinária e bastante ativa chamada Noriko Ishibashi, que tinha assistido por acaso minha palestra no congresso da ADI na Nova Zelândia. Ela não entendia uma palavra de inglês, mas prestou muita atenção aos *slides* do meu PowerPoint e em meus gestos. Seguindo sua intuição, Noriko filmou toda a apresentação e comprou um exemplar do meu livro. De volta ao Japão, ela procurou alguém para traduzir a apresentação e o livro e logo descobriu que seu esforço tinha valido a pena. Seu marido era neurologista e ela mesma trabalhava numa instituição que cuidava de pessoas com demência e queria iniciar discussões no Japão sobre ter uma atitude positiva em relação à vida com a doença. Eu era exatamente o que ela estava procurando.

Noriko gostou de saber que eu tinha passado por momentos de dúvida, negação e medo antes de aceitar minha demência. Ela ficou encantada com a ideia de chamar a vida após o diagnóstico de "o início de uma nova jornada". Numa carta que me enviou naquele ano, ela disse: "Minha experiência me diz que sofrer de demência não é tão horrível quanto as pessoas possam imaginar, pois, de alguma forma, a doença mostra um maneira diferente e desconhecida de viver e... pode ser um desafio sublime, até mesmo um processo na vida". Suas palavras calaram fundo em mim.

No início de 2003, eu recebi e-mails dela por meio de um tradutor. Ela estava planejando nos visitar na Austrália. Tudo aconteceu muito rápido – no final de fevereiro, Noriko foi à nossa casa junto com um professor de sociologia, o tradutor do livro e um produtor de televisão!

Foi uma época fantástica repleta de troca de ideias, risos e alegria. Depois de alguns meses meu primeiro livro estava pronto para ser lançado no Japão. Foi assim que fui convidada a ir para o Japão para o lançamento do livro e para proferir uma palestra num importante congresso em 2003. Por intermédio do produtor de TV dei uma entrevista num templo em Quioto, que foi transmitida pela NHK, a rede de televisão estatal japonesa. De repente, milhões de japoneses conheciam a minha história. Depois disso, dei uma série de entrevistas para um canal *online* de defesa dos idosos chamado *Silver Channel*.

Em meados de 2003, sob os holofotes da mídia, fui a primeira pessoa a "assumir publicamente" no Japão que tinha demência e o país estava pronto para isso. O Japão tem a maior população idosa do mundo. Atualmente, um quarto de seus cidadãos tem mais de sessenta e cinco anos; portanto, o país teria de encarar a demência antes do restante do mundo. O problema, naquela época, era que o estigma de ter demência possivelmente era ainda maior no Japão do que em qualquer outro lugar do mundo. Essas pessoas eram chamadas de "idosos dementes". Sabia-se muito pouco sobre a doença e também havia poucas informações sobre o que os familiares e os cuidadores podiam fazer para ajudar. Ninguém queria falar sobre isso. Ninguém queria admitir que sofria de demência. Mas, em 2003, a população e os políticos estavam prontos para falar sobre o assunto e a minha visita coincidiu com essa mudança.

Como meu primeiro livro vendeu muito bem no Japão, a editora japonesa me encomendou um segundo livro, que seria lançado no congresso da ADI em Quioto, em 2004. Por sorte, eu já tinha começado a escrever *Dancing with Dementia*, apesar de achar que não o teria finalizado se a editora não tivesse insistido em fixar o prazo para julho de 2004. Mas, novamente, isso me obrigou a trabalhar e o meu cérebro, a refletir.

O congresso da ADI em Quioto foi imenso, tinha cerca de quatro mil delegados. A parte mais impressionante foi o discurso de abertura, proferido por um homem chamado Ochi-san. Ele tinha demência e sua esposa o ajudou a falar. Ochi-san falou sobre o impacto que o diagnóstico de demência teve sobre ele. Nós acompanhamos através de um fone de ouvido –, mas só entendemos três quartos do discurso, porque a tradutora, assim como todos os presentes na sala, ficou tão comovida com as palavras de Ochi-san que irrompeu em lágrimas e não conseguiu continuar. Ele realmente deu o tom do congresso, que incluía pessoas que conviviam com a demência no mundo real. Eu tinha organizado um *workshop* que seria conduzido por pessoas que tinham demência para pessoas que tinham demência. Eu solicitei uma sala onde os participantes poderiam ter um espaço para "dar um tempo", essencial para que pudéssemos lidar com a sobrecarga sensorial do congresso. Fomos designados para uma sala chamada "Sala Tranquila" – o que ela realmente era. A sala, com vista para um lindo jardim com flores de laranjeira, era sempre silenciosa e repousante.

Eu estava ficando tão conhecida no Japão que era um pouco embaraçoso tentar participar das sessões sem muito estardalhaço. No segundo dia do congresso eu saí da Sala Tranquila para ir ao local do meu *workshop*, mas foi difícil atravessar o corredor sem atender solicitações de fotos. Quando cheguei, a sala estava lotada e havia pessoas em pé do lado de fora. Presumi que a sessão anterior ainda não tinha acabado, embora achasse estranho, pois deveria ter terminado cerca de vinte minutos antes. Fiquei parada na porta, esperando a minha vez, até que finalmente meus auxiliares explicaram, por intermédio de uma tradutora, que todas as pessoas presentes na sala, bem como as que estavam do lado de fora, estavam esperando por mim – que havia um enorme contingente esperando para participar daqueles *workshops*. Impressionada, entrei na sala com outros três membros da DASNI: Lynn Jackson e Marilyn Truscott, do Canadá, e Doreen Cairns, da Escócia. Era um auditório grande e estava abarrotado. Aquele seria um *workshop* prestigiadíssimo presidido por uma pessoa que tinha demência (eu) e com exposições de pessoas que tinham demência. Definitivamente algo inédito em todo o mundo. Começamos falando sobre a inclusão de pessoas com demência em políticas, pesquisas e grupos de defesa. Foi neste congresso que comecei a usar o bordão "Nada sobre nós sem a nossa presença", que ainda hoje é usado no mundo todo.

Doreen fez uma palestra maravilhosa, mas tive de lhe pedir para imprimi-la, pois eu tinha muita dificuldade de entender o forte sotaque da minha amiga de Glasgow e tive medo de que para os tradutores japoneses fosse impossível. Uma passagem que me recordo em particular foi quando Doreen estava na Sala Tranquila com uma japonesa com demência num estado tão avançado que ela não conseguia mais falar. Doreen segurou a mão dela e lhe falou com carinho. A mulher não entendia uma palavra em inglês (muito menos o dialeto de Glasgow!), mas de repente sorriu, levantou-se e exclamou alguma coisa em japonês. Uma auxiliar que estava por perto correu para buscar a família da mulher, que ficou felicíssima, porque ela não falava havia vários meses. Mais tarde me disseram que ela disse: "Maravilha! Excelente!" Esse foi um exemplo de como é importante não desistir das pessoas que têm demência – mesmo quando elas estão nos estágios mais avançados da doença. Toque, contato visual e inclusão são maneiras importantes de se conectar com elas e podem trazer algumas recompensas inesperadas.

Lembro-me de ter exercido influência positiva semelhante na vida de um homem, o que muito me orgulha. Ele escreve sob o nome de Mr. Mizuki. Durante uma visita ao Japão, em 2007, ele foi me encontrar no hotel em que eu estava hospedada segurando meus dois livros em japonês, ambos bem usados, bastante folheados e repletos de marcadores autoadesivos. Por intermédio de um intérprete, ele disse: "Desde que conheci seus livros minha vida mudou. Se não fosse por eles, talvez eu não fosse quem sou hoje... [eles] são a minha Bíblia". Ele tinha criado um blogue e um "Forgetful Café" na internet. O sr. Mizuki finalmente tinha compreendido que nós podemos mudar mesmo com demência e que existem estratégias para enfrentar a doença. É gratificante pensar que eu ajudei não apenas esse homem como também outras pessoas como ele a se expressar e, por meio de palavras e atos, reivindicar um papel na sociedade.

Desde o congresso de 2004, voltei no Japão diversas vezes, onde auxiliei e apoiei grupos de pessoas com demência que queriam promover mudanças nas políticas e práticas governamentais sobre demência. Em

2005, o governo japonês anunciou a meta de criar uma sociedade amiga das pessoas que sofrem de demência e hoje milhões de voluntários já fizeram programas de treinamento voltados a ajudar essas pessoas na comunidade. Em vez de "idosos dementes", a terminologia usada atualmente é "pessoas com déficits cognitivos". Sinto-me bastante honrada por ter desempenhado um pequeno papel como catalisadora em todas essas conquistas no Japão.

Após o encerramento do congresso de Quioto, em 2004, viajamos pelo país fazendo palestras para lançar meu segundo livro. Visitamos várias cidades, inclusive Kobe, Osaka e Tóquio e sempre fomos muito bem recebidos. Estávamos em Tóquio quando ocorreu um terremoto de grande magnitude, seguido por uma série de fortes tremores secundários. Durante o terremoto, estávamos no décimo oitavo andar de um edifício, que balançava alarmantemente cerca de um metro de um lado para o outro. Foi horripilante; parecia que estávamos num barco em pleno mar bravio, mas o autofalante nos dizia para não entrar em pânico, que estávamos num edifício à prova de terremotos, o que pouco fez para acalmar meus nervos. Na noite seguinte, estávamos num restaurante no subsolo quando houve um forte tremor secundário – também bastante preocupante, pois as travessas quentes de comida moviam-se ao redor da mesa, ameaçando nos queimar. Mas escapamos ilesos novamente. Não tive dificuldade de sobreviver aos terremotos no Japão. No final, fui derrotada pela pantufa do hotel.

Todos os hotéis em que ficamos no Japão forneciam aos hóspedes um par de pantufas tamanho único, grande o suficiente para caber no pé de qualquer lutador de sumô. Elas eram enormes, sobravam na frente e atrás, mas muito confortáveis. Estávamos no finalzinho da turnê, um dia depois do tremor secundário, e no dia seguinte voaríamos para a Inglaterra para visitar minha família. Depois de arrumar as malas e jantar, decidimos relaxar um pouco no quarto do hotel. Eu estava deitada com as pantufas. A campainha do quarto tocou e eu me levantei depressa para abrir a porta, mas meu pé direito pisou na ponta da pantufa do pé esquerdo e eu perdi o equilíbrio. Comecei a cair e, antes que tivesse tempo de endireitar o corpo, meu ombro bateu com força no rack da TV. Eu voei longe para o lado direito, sem nem mesmo ter chance de aparar a queda com as mãos.

Fraturei o osso malar direito em dois lugares, o braço esquerdo em um lugar, o quadril em dois lugares e as costas em dois ou três lugares. Sangue jorrava do meu nariz e eu não conseguia mexer as pernas. Fiquei lá, caída, em agonia silenciosa. Meses depois uma fisioterapeuta na Austrália me perguntou se eu tinha sofrido um grave acidente de carro. Mas minhas lesões foram consequência de uma combinação bastante inusitada de pantufas extragrandes, um pesado rack de TV e osteoporose, que na época ainda não tinha sido diagnosticada. Fico arrepiada só de pensar no que teria acontecido se eu tivesse batido a cabeça na mesa de café.

Quem tinha tocado a campainha era Yamanaka-san, um contato do Silver Channel, o canal *online* de defesa dos idosos com o qual tínhamos trabalhado durante a nossa estada no Japão. Ele chamou uma ambulância imediatamente e durante o trajeto fez alguns telefonemas para se assegurar de que eu seria levada para o melhor hospital. Nossos planos de ir para a Inglaterra no dia seguinte foram cancelados.

Paul foi comigo na ambulância; o coitado parecia estar morto de preocupação. Fomos levados a um hospital ortopédico. Fui internada e fiquei sob os cuidados de um cirurgião ortopédico muito simpático que falava inglês com sotaque francês. Ele me imobilizou por três semanas.

Eu fiquei num quarto de solteiro com uma espécie de minicozinha, onde Paul podia preparar algumas refeições básicas para ele – geralmente macarrão instantâneo. Eu perdi completamente o apetite, mas a nutricionista do hospital me avaliou e prescreveu uma dieta ocidental para me estimular a comer.

Meu aspecto era lamentável, eu estava toda quebrada e cheia de hematomas. Não podia nem ficar deitada em posição totalmente horizontal, pois meu tronco tinha de ficar ligeiramente inclinado, porque havia uma grande preocupação de que o malar fraturado não fornecesse suporte suficiente para o olho direito.

Aquela era uma oportunidade única, embora bastante dolorosa, para que meu cérebro formasse novas conexões. Em primeiro lugar, nenhum dos enfermeiros falava inglês. Minha dor era controlada com paracetamol, que não dava conta do recado, então eu aprendi rapidinho a falar "está doendo" em japonês (*itai* – se algum dia você precisar). Durante a internação eu aprendi muitas palavras básicas em japonês: coisas essenciais, como comadre, banho, comida e analgésico.

Para uma pessoa com demência, ser hospitalizada pode ser uma experiência atemorizante e desnorteadora. Estudos demonstraram que internações hospitalares podem até mesmo fazer com que uma pessoa que sofre de demência entre numa espiral descendente de declínio; então, imagine estar num hospital em que a maioria das pessoas não fala a sua língua. Curiosamente, não tive nenhum problema cognitivo ou de memória enquanto estava no hospital no Japão, pelo menos não mais do que o normal. Paul estava lá para me dar o medicamento para demência todos os dias e também passava a maior parte do dia comigo.

Fiquei surpresa com o fluxo constante de visitas que eu recebia. Todo dia alguém de algum lugar do Japão pegava o trem ou avião e ia me ver. Algumas pessoas tinham assistido às minhas palestras, lido meus livros ou me visto na televisão e queriam levar seu apoio. Pouquíssimas falavam inglês, mas nós nos comunicávamos por meio de linguagem corporal e as poucas palavras que eu tinha aprendido em japonês. Uma das minhas visitas foi um professor de Hiroshima – sua esposa me deu dois pijamas de flanela, um presente muito bem-vindo. Yamanaka-san criou um "Boletim Informativo sobre Christine", que fornecia aos meus seguidores informações atualizadas sobre a minha evolução clínica. O casal também abriu uma conta no banco Mitsubishi, onde as pessoas também podiam fazer contribuições para ajudar Paul e eu com as despesas. Fiquei muito grata, não tenho palavras para descrever o que esse apoio efusivo significou para nós. Eu nunca tinha vivenciado nada como isso antes. O fluxo constante de visitas também afastou qualquer sentimento de solidão ou tédio, e o carinho e o amor que recebi ajudaram a levantar o meu astral. A depressão pode ser um grande desencadeante de dificuldades cognitivas; portanto, provavelmente isso foi crucial para a minha sobrevivência no hospital.

Após duas semanas a fisioterapeuta finalmente me colocou um colete ortopédico; era o que eu precisava para começar a tentar andar e, mais tarde, voltar para casa. Depois disso permitiram que eu tentasse me levantar lentamente e usar um andador. No primeiro dia em que saí do quarto para caminhar o corredor estava cheio de pacientes idosas que sorriam, diziam palavras de estímulo e aplaudiam. Todos os dias eu dava alguns passos doloridos a mais, no afã de percorrer aquele corredor interminável, até que finalmente cheguei à escada e com toda a minha energia e esforço tentei reunir coragem para subir e descer os degraus, vencendo a dor e o medo. Um dia, vestindo aquele pijama de flanela, eu consegui sair do hospital. Era uma grande conquista, caminhar com o apoio de uma bengala até o café mais próximo. Foi o melhor café que já tomei.

Logo depois recebi alta, mas tive de passar uma semana hospedada num hotel das redondezas e comparecer a consultas no hospital na condição de paciente ambulatorial até obter autorização para pegar o avião e ir para casa. Graças às contribuições de todos os meus apoiadores japoneses, fomos de classe executiva, o que representou outra ajuda inestimável.

Quando finalmente cheguei em casa, eu estava muito frágil. Durante muitos dias usei uma bengala para me locomover, mas saiba que não a uso mais. Depois que voltei tive de reaprender a andar normalmente. Foi penoso. Tive muita dificuldade de recuperar minha marcha natural e eu me perguntava se essa informação não tinha se perdido no meu cérebro em processo de encolhimento. Eu me perguntava também se a demência não dificultava a minha reabilitação total, pois a atividade física também é controlada pelo cérebro. Mas eu consegui reaprender.

Assim que chegamos, consultei um fisioterapeuta. Ele ficou chocado com minhas radiografias e recomendou repouso antes que eu começasse a reabilitação. Depois de alguns meses fizemos algumas sessões numa piscina aquecida, em que eu tentava recuperar meus movimentos enquanto era suportada pela água, o que era um alívio. Ele pediu também que eu fizesse muitos exercícios em casa, como ficar em pé sobre uma só perna enquanto apoiava o peso do corpo no banco da cozinha. Levou muitos meses, quase um ano, para que eu conseguisse andar com um pouco de confiança. A bengala ficou guardada por pouco tempo, pois tive de usá-la por mais alguns meses por conta de uma bursite no joelho. Durante muitos anos fiquei muita insegura para andar e me movimentar. No final, entretanto, coloquei a bengala de volta no armário e me esqueci dela, pois estava andando normalmente. Hoje eu passeio todos os dias com meu cachorro, caminhando confortavelmente pelo bairro sem nenhum dispositivo auxiliar da marcha.

Eu encaro cada desafio que enfrentei na minha vida, principalmente cada desafio que enfrentei depois do meu diagnóstico de demência, como uma oportunidade para renovação. Em geral, essa percepção vem muitos anos depois do desafio e, embora eu esteja no meio do meu trauma, tudo o que posso fazer é lamentar por mim mesma e continuar a colocar um pé diante do outro. Mas eu incluí a história das minhas fraturas e a da minha reabilitação neste livro porque tenho uma forte intuição que a minha recuperação – das lesões físicas, do estresse psicológico e das dificuldades intelectuais que a doença produziu – foi uma oportunidade valiosa para eu alcançar um potencial cognitivo maior do que tinha antes. Mas sou uma otimista. Mesmo que aquela terrível queda no Japão tivesse significado o final da minha jornada – minha última chance de viajar, conhecer pessoas, me locomover livremente, pensar com clareza –, eu ainda teria valorizado as lições, o amor e a dádivas que ela me proporcionou. Felizmente, esse não foi o fim da minha jornada, embora na época fosse difícil enxergar que dias melhores estavam por vir.

DE VOLTA AO LAR

Após 2004, enquanto meu corpo se curava lentamente, minha mente estava confusa e perdida. Foi difícil voltar para casa depois de toda aquela viagem internacional. Eu tinha dificuldade para estabelecer uma rotina simples para tomar banho, ir para a cama e fazer as refeições. Tinha dificuldade de me lembrar onde estavam as coisas naquela nova casa. Desde o diagnóstico de demência, sempre que fico deprimida tenho dificuldade de raciocínio e memória, e isso sempre me faz pensar que estou numa espiral descendente, caminhando a passos largos em direção à morte, mas toda vez eu me recupero, e ainda não cheguei lá.

Foi nessa época que percebi claramente que Micheline estava sofrendo as sequelas de todo o trauma pelo qual tinha passado durante a sua vida. Como mães, queremos abraçar nossos filhos e confortá-los. Mas o estresse pós-traumático de minhas filhas era tão grande e tão complexo que eu não conseguiria curá-lo. Eu tinha demência. A horrível nuvem negra que pairava sobre todas nós ainda estava lá. E não ia passar: elas estavam perdendo a mãe delas. E ainda estão.

Durante vários anos fiquei preocupadíssima com Micheline, até que finalmente, em 2006, ela foi morar conosco no sítio. Agora minhas duas filhas mais novas estavam conosco; mas Rhiannon logo começou a namorar um rapaz bom e carinhoso e foi morar com ele, levando junto seu cavalo. No final de 2007, começamos a nos perguntar se precisávamos ficar naquela propriedade. Decidimos comprar um pedaço de terra menor nas proximidades e construir uma casa muito mais espaçosa. Foi um enorme desafio, mas, pelo menos no início, eu adorei; gostei de aprender como comprar terras, como planejar uma casa e um jardim e como tratar com construtores. Não havia um momento de tédio! Em 2008, nós nos mudamos para a nova casa. Micheline criou um lindo jardim e, com muito trabalho e determinação, estava cursando história na faculdade. Minhas três filhas são duronas como a mãe. Elas passaram por maus bocados e estão se destacando no trabalho e nos estudos – Rhiannon acabou trabalhando na *Queensland Health* e Ianthe está fazendo pós-graduação em fisioterapia e recuperação. Tenho tanto orgulho delas! Fico feliz que tenham superado a adversidade, que sejam felizes e bem-sucedidas.

Na casa nova, construímos uma pequena piscina e um grande galpão para Paul trabalhar em vários projetos, mexer com motocicletas e construir um barco. Tem também um estúdio para eu trabalhar e espaço de sobra para acomodar minhas filhas com suas famílias quando elas vêm nos visitar.

Os desafios que enfrentei nessa mudança podem ter sido muito bons para o meu cérebro, mas foi dificílimo nos aspectos emocional e intelectual – meu cérebro ficava sobrecarregado a maior parte do tempo, além de confuso e estressado. Não é à toa que os neurologistas não recomendam que as pessoas que têm demência se mudem de casa. E eu fiz isso três vezes desde o meu diagnóstico. Essa última foi a pior.

Depois do período de entusiasmo e diversão inicial, parecia que meu cérebro estava sobrecarregado e eu entrei em depressão, e com a depressão veio também insegurança e certo grau de declínio cognitivo. Passei a realizar menos, a socializar menos, a não tentar com tanto afinco. Tornou-se uma alça de retroalimentação negativa em que eu não participava de atividades prazerosas e, portanto, não aproveitava a vida. Eu estava totalmente convencida de que minha vida estava chegando ao fim. Em 2007, eu fiz uma palestra em que disse: "Quero aproveitar cada momento que me resta, pois sei que meu tempo está se extinguindo, como a chama bruxuleante de uma vela que está chegando ao fim. Fiz o melhor que pude para defender as pessoas que sofrem de demência, e contribuí para promover mudanças. Agora eu transfiro essa tarefa para vocês." Em 2007! Hoje, quando leio essas palavras eu rio, pois sei que fiz muita coisa desde então. Porém, naquela época a sensação de deterioração mental e morte iminente era bastante real.

A maior parte das nossas coisas ainda estava guardada em caixas e eu não tinha vontade de desembalar nada; portanto, não sabia onde estava nada na minha própria casa. Eu passava muito tempo deitada. Um dia eu me pesei, o que não fazia há anos, e vi que tinha emagrecido um bocado. Então um número mágico pulou na minha cabeça: e se eu voltasse a pesar 50 quilos ou até menos? Chocada, saltei da balança. Havia se passado mais de vinte anos desde que eu tinha ficado obcecada com meu peso e eu achava que aquela era uma página virada na minha vida, mas agora os pensamentos anoréxicos estavam voltando. Aquele era um claro sinal de alerta e, apesar de não ter voltado à anorexia, eu sabia que corria um grande risco.

O ponto alto daquele período foi um ano depois que nos mudamos para a nova casa, em 2009, quando Rhiannon se casou com Tim. Nunca me atrevi a pensar que viveria o suficiente para ver minha filha se casar. Muitos anos antes, no dia em que eu soube que tinha Alzheimer, me disseram que isso era impossível. Rhiannon estava linda e irradiando felicidade, e suas irmãs estavam deslumbrantes em seus vestidos de dama de honra. Mas eu ainda estava frágil, andando a maior parte do tempo com o auxílio de bengala, magérrima e fraca.

Em 2010, nós planejamos outra viagem ao exterior, daquela vez para o aniversário de 90 anos da minha mãe, e Paul insistiu para que fôssemos ao congresso da ADI na cidade de Tessalônica, Grécia, a caminho de casa. Eu não estava com vontade, pois achava que aquele capítulo da minha vida estava encerrado. Eu não participava de um congresso internacional desde 2006 e não queria mais continuar meu trabalho de defesa. Estava cansada demais para continuar lutando e bastante feliz por passar adiante o bastão. Honestamente, eu achava que não tinha mais nada a oferecer, mas Paul não concordava. Ele deduziu que meu estado de espírito era consequência do meu estado de saúde e achava que eu precisava desesperadamente de um trabalho que fosse importante para mim, para manter meu cérebro funcionando e minha identidade preservada. Paul sabia também que parte de mim sentia falta do envolvimento com o mundo das pesquisas sobre demência e do trabalho de defesa e que a ida ao congresso poderia ajudar a me tirar daquele impasse. Eu não queria ir – reclamei, resmunguei, mas Paul insistiu. "Não vemos algumas pessoas há anos. Vai ser bom encontrá-las novamente. E é na Grécia. De qualquer maneira estaremos na Europa. Seria uma pena perder essa oportunidade", disse ele.

Portanto, lá fomos nós.

O congresso foi uma revelação. As pessoas adoraram me ver, eu me senti acolhida novamente pela minha família de Alzheimer. Elas me cumprimentavam calorosamente e se mostravam surpresas, pois eu tinha saído do radar. E quando você perde o contato com uma amiga que tem demência supõe que ela morreu ou que seu cérebro se deteriorou de tal forma que ela não consegue mais se comunicar.

"Ainda estou aqui", eu dizia a todos, um pouco envergonhada por ter me afastado dos amigos e colegas de todo o mundo. Foi maravilhoso constatar que o meu trabalho ao longo dos anos tinha significado muito para muita gente, que as pessoas com demência estavam sendo incluídas nesse importante trabalho e também que haviam sentido a minha falta. Foi a melhor coisa que podíamos ter feito. A ADI me pediu para fazer a palestra de abertura no congresso do ano seguinte, que seria realizado em Toronto; portanto, eu tinha algo para planejar e aguardar ansiosamente, e isso também ajudou muito. O meu cérebro se sentiu reengajado.

Aquela experiência elevou a minha autoestima, me tirou da depressão e permitiu que eu reunisse forças das quais acabaria precisando muito em agosto daquele ano. Certa manhã, minha irmã Denise me ligou dizendo que nossa mãe estava morrendo. Ela tinha demência vascular. Paul e eu compramos passagens de avião imediatamente e dias depois eu estava em Londres, a tempo de me despedir dela.

Foram os últimos cinco dias de vida de mamãe. Aquele foi um tempo especial para nós duas, um tempo em que pude demonstrar o meu amor e dizer aquelas coisas importantes que queremos dizer aos nossos pais antes que eles morram – coisas que não pude dizer ao meu pai. Eu li para ela uma passagem da Bíblia em holandês antigo e ela exclamou: "Muito bom. Muito bom o seu holandês."

Mamãe sempre pedia para ver a foto de papai que ficava ao lado da cama dela e eu lhe dava. "Ele era um homem adorável, não era?", perguntava ela, e eu e Denise concordávamos. Depois ela queria saber se nós duas éramos felizes, mais especificamente se estávamos casadas com homens bons. Embora não tivesse conhecimento das agressões de Jack, ela sabia que meu casamento era infeliz e que ele era um homem estranho. Acho que parte do cérebro dela ainda estava apreensiva com a minha situação quando eu era jovem. Fiquei feliz em poder lhe dizer que agora estava casada com um homem bom que vivia para a família, como meu pai tinha sido.

No ano seguinte voltei a mergulhar no trabalho, escrevendo artigos, atuando em consultoria de pesquisas e falando para grupos de Alzheimer em todo o país. Fiquei impressionada ao perceber que meu cérebro não havia desaparecido naqueles últimos anos; pelo contrário, ainda estava bastante ativo e capaz de me ajudar a escrever e a fazer palestras, exatamente como antes. Meu cérebro estava fervilhando de ideias novas, conceitos novos, coisas novas a compartilhar – e tudo isso o estava ajudando a formar novas conexões e a deflagrar impulsos nervosos.

Naturalmente houve mudanças, em comparação com a época anterior à demência. Quando eu trabalhava, eu conseguia falar de improviso sobre um monte de *slides* a respeito de uma série de questões complexas relacionadas com pesquisas científicas, mas agora, quando faço uma palestra, eu leio em voz alta o texto que preparei com antecedência, palavra por palavra. Assim como dirigir e falar ao telefone ao mesmo tempo, ler em voz alta é uma habilidade que reaprendi pacientemente ao longo dos últimos anos. Mesmo no começo do meu trabalho de defesa das pessoas que têm demência, o meu vocabulário era rico e complexo – quando penso em minhas palestras de cinco a dez anos atrás, vejo que eu usava palavras mais longas do que consigo pronunciar hoje. Atualmente meu vocabulário é mais simples e mais direto. Mas ainda estou aqui, ainda estou trabalhando, pensando, criando. Em março de 2011, fomos para Toronto e eu falei para todo o congresso. Então pensei comigo mesma: estou de volta.

Em abril, somente oito meses depois que mamãe tinha morrido, enquanto eu estava na Europa lançando meu segundo livro em Alemão, tia Evie ficou muito doente. Ela estava com câncer em fase terminal e Paul e eu fomos para Antuérpia. Tia Evie não tinha se casado nem tido filhos e ainda morava sozinha na casa dos meus avós, mas logo vimos que ela precisava de cuidados de enfermagem e chamamos uma ambulância para levá-la ao hospital.

Nós a visitávamos diariamente. Valente, ela fingia que estava se sentindo muito bem e nos dava dicas do que fazer em Antuérpia. Quando voltávamos ao hospital, falávamos do nosso passeio e sobre o que Paul tinha achado da cidade.

Mas eu podia ver que tia Evie não tinha muito tempo de vida, então aproveitei a oportunidade para lhe dizer algumas coisas importantes também. Eu lhe disse que ela sempre tinha sido a minha heroína, desde que eu era adolescente. Ela era uma desbravadora, uma mulher que conseguiu entrar no mundo masculino da arquitetura nos anos 50 e 60. Quando se aposentou, ela era uma arquiteta respeitada em Antuérpia e na época essa era uma conquista e tanto para uma mulher. Tia Evie estava sempre alimentando seu ávido intelecto com arte, música e literatura. Quando saía de férias, era para algum lugar culturalmente rico e com significado histórico. Ela tinha ido ao círculo polar ártico e aos países da cortina de ferro no leste europeu, o que na época era uma aventura. Ela me levou discos de música *folk* checa. Lembro-me de dançar pela casa ao som desses discos quando era criança, cheia de alma e criatividade. Não sei se conseguiria manter tão bem meu cérebro ativo, mesmo após o diagnóstico de demência, se tia Evie não tivesse feito parte da minha vida, se ela não tivesse me inspirado.

Ela morreu algumas semanas depois e, apesar de sofrer, eu estava em paz por ter sido capaz de lhe dizer tantas coisas importantes e por ter estado ao lado dela em seus últimos dias, como eu tinha estado ao lado da minha mãe.

UM DIA RUIM COM DEMÊNCIA

Como eu disse, muita gente que entra em contato comigo ou lê meus livros, ou ambos, tem dificuldade de acreditar que tenho demência. Eu já disse também que isso me deixa muito aborrecida. Talvez devesse ficar lisonjeada; porém, a verdade é que me esforço muito todos os dias para parecer normal, mas é como se todo esse esforço não valesse de nada se as pessoas simplesmente não acreditam em mim. Se você assistir uma de minhas palestras vai ver uma mulher aparentemente polida e autoconfiante, mas o que você não sabe é o quanto me custa passar essa impressão – nem como minhas apresentações eram rápidas, claras e criativas quando eu estava no auge da minha carreira, antes de ter demência.

Outra coisa que me deixa aborrecida é a ideia preconcebida que muita gente parece ter de como uma pessoa que sofre de demência *deveria* parecer e *deveria* se comportar. A demência é uma doença lenta e progressiva que pode levar muitos anos para causar seus danos. Algumas pessoas que sofrem de demência parecem "normais", principalmente para quem não as conhece muito bem. Outras têm momentos de lucidez ou conseguem bater papo alegremente, desde que a conversa se restrinja a determinados tópicos. Outras, ainda, parecem apenas um pouco esquecidas ou um pouco cansadas. Existe um espectro de sintomas que progridem gradualmente. O estereótipo de demência em estágio final nos exclui da sociedade, pois as pessoas não sabem o que dizer, o que esperar de nós, como falar conosco e até mesmo se devem nos visitar. As pessoas que sofrem de demência percorrem uma longa jornada desde o diagnóstico até a morte, sempre com o medo desse estereótipo.

Tenho sorte, sei disso. Sofro de demência há muito tempo, mas ainda sou capaz de fazer muita coisa. Sou grata pelo que consegui. Mas não vou mentir e dizer que estou feliz por ter demência, que estou feliz por estar presa a um estágio leve a moderado da doença nem que minha vida é fácil.

Não fico falando sobre as dificuldades com que me deparo em em meus livros, nem em minhas palestras e nem na minha vida, porque a sociedade sempre se concentrou no que as pessoas que têm demência não conseguem fazer, no quanto elas são "difíceis" e no quanto são incapazes. Meu objetivo é pular tudo isso para lembrar a todas as outras pessoas que somos capazes de contribuir, que ainda precisamos ter contato com o mundo. Eu tento enfatizar as aptidões que conservamos, sem entrar nos detalhes sombrios e assustadores da convivência diária com a demência.

Mas acho importante reconhecer as dificuldades, os desafios e as preocupações que enfrentamos diariamente. Quero fazer isso, em parte, para oferecer um pouco de solidariedade às pessoas que têm demência e que porventura estejam lendo meu livro. Em parte, para explicar às suas famílias o que elas estão passando. E, em parte, para que todas as outras pessoas possam começar a pensar em como criar uma sociedade que respeita os portadores e demência ao entender o que precisa ser feito.

Todo dia é uma luta para mim, mas tem dias em que me sinto relativamente bem, independente, capaz de reunir pensamentos numa página, de conversar com as pessoas, pensar e sorrir. Em outros, sinto-me tão combalida que não consigo vencer minha neta de sete anos no jogo da velha ou me lembrar onde está meu marido. Todos os dias eu convivo com o medo de que tudo o que me é mais caro, todas as minhas memórias e a capacidade mental que me restou desapareçam repentinamente, escorram pelos meus dedos como areia. Será que estou chegando ao fim de um longo período de estabilidade relativa? Será que acabei de fazer minha última viagem, de ler meu último livro, de ter minha última conversa significativa com Paul? Não tenho como saber.

Quero falar como é meu dia pior. Um dia ruim com demência. Nem todo dia é assim, mas os elementos dessa luta realmente estão presentes no meu cotidiano.

Alguns dias, quando acordo pela manhã, não tenho a mínima ideia de que dia é nem do que temos para fazer. Será que Paul vai sair hoje? Será que eu vou sair? Estamos esperando alguma visita? Não consigo contextualizar o dia de hoje lembrando em que dia da semana ou do mês estamos, ou então me lembrando de ontem – ontem também é um buraco negro para mim. Ainda deitada na cama, sinto-me confusa e sem rumo. Não tenho parâmetros de referência para o meu dia. É como se eu olhasse para um tapete que se estende diante de mim enquanto, ao mesmo tempo, ele se enrola atrás de mim.

Sinto-me engolfada por planos e fico muito ansiosa e estressada. Faço o possível para não ser assim, e me esforço para não ficar fazendo a mesma pergunta a Paul, mas se eu quiser continuar ativa, preciso saber sobre o passado e o futuro, portanto é um dilema terrível.

A memória, minha narrativa que me ajuda a compreender a vida, não é mais confiável. Minha memória esmaecente é como uma aguada cinza sobre uma tela em branco. Minha vida está perdendo a sua história, mas o momento presente está ficando com um foco mais nítido e me rodeia. Meu passado confuso tem de ser reconstruído com Paul. Ele cria uma narrativa para mim ao descrever a nossa vida juntos, pintando um quadro falado para que eu possa entrar e compartilhar com ele uma lembrança. Mas será que essa narrativa de vida que estou descobrindo é realmente a minha? Ou será que é a dele? Se eu não a construí com minha própria imaginação, minhas próprias emoções e a sensação de todas as experiências pelas quais passei, será que posso dizer que a memória é minha ou será que ela pertence a outra pessoa? Agora ela tem a ênfase singular de Paul no que é importante, no que é interessante, no que é repulsivo, bom ou emocionante. Será que a minha narrativa pessoal se perdeu para sempre? Esse pensamento me deprime, apesar de saber que deveria ser grata por Paul me ajudar a conservar alguma lembrança que seja.

Há tardes em que me sinto bem lúcida, minhas lembranças daquele dia são claras: eu consigo me lembrar do que aconteceu naquela manhã. Mas há dias em que todas as lembranças me fogem, como se eu tivesse perdido as chaves que restaram do arquivo das minhas memórias. Será que tomei meu comprimido? Será que tenho consulta médica hoje? Será que a comida da geladeira ainda está boa para consumo? Sinto-me como se estivesse pendurada num penhasco sobre um mar profundo, escuro e revolto do desconhecido.

Meus pensamentos são desordenados, e tento tirar o melhor proveito dos momentos aleatórios de lucidez. Nesses dias, é muito mais difícil encontrar as palavras certas e falar com clareza. Muitas vezes falo as palavras erradas ou frases muito confusas – principalmente quando estou cansada ou estressada. Ruído de fundo e movimento interferem nesse processo – é como tentar sintonizar uma estação de rádio em meio ao burburinho incessante da vida ao meu redor. De alguma maneira, outros sons me impedem de recuperar uma palavra ou expressão. Se a minha atenção se desviar, por exemplo, para o telefone na minha frente e eu estiver tentando falar alguma coisa que não tem nada a ver com o telefone, como "Vamos fazer compras", posso dizer algo estúpido como "Vamos ao telefone". É como se tivessem fios cruzados dentro do meu cérebro, e as mensagens ficassem confusas nos pontos de interseção.

Antes eu sempre conseguia encontrar as palavras certas, tinha um vasto vocabulário. Em meados de 1980, eu fiquei no percentil 99 na seção oral do teste de admissão para mestrado de Harvard, mas agora minha cabeça parece que está cheia de uma cola pegajosa em que as palavras são enterradas. As figuras dos objetos estão lá, bem como palavras parcialmente formadas, mas nem sempre elas estão conectadas ou concatenadas. Uma frase é como uma série de figuras, como balões de diálogos de histórias em quadrinhos dispostos em uma ordem aleatória. Às vezes eu não consigo falar uma frase coerente, principalmente se estiver cansada ou estressada. De vez em quando falo coisas muito estranhas, com as palavras embaralhadas. Eu ergo a voz, faço expressões faciais e agito as mãos, tentando fazer com que Paul entenda o que estou dizendo. Fico tão furiosa, gritando e xingando, que não encontro as palavras. Como são frustrantes esses momentos! Não sou mais a mulher calma, serena e contida que as pessoas conheciam no meu trabalho – acima de tudo, inabalável. Agora o simples fato de não conseguir falar uma frase clara pode me fazer surtar.

Os imensos desafios do que pareceria a Paul ser um dia tranquilo em casa são magnificados por minhas emoções exacerbadas. Antes da demência eu costumava estar no porto calmo e seguro da vida, mas agora estou à deriva num mar revolto de perguntas sem respostas, afazeres desconhecidos e surpresas inesperadas. Às vezes parece que algo terrível vai acontecer, mas esqueci o que é, então fico sempre agitada e ansiosa.

Às vezes só o fato de atender ao telefone me faz esquecer onde Paul está naquele dia; então, se a pessoa que ligou pede para falar com ele e eu não consigo vê-lo, procuro-o por toda a casa e depois tenho de passar pelo constrangimento de dizer que não sei onde ele está nem quando vai voltar. Tenho um quadro de avisos onde Paul escreve onde ele está todos os dias, mas às vezes ele não se dá a esse trabalho, principalmente quando parece que estou num bom dia ou quando ele só vai demorar uns dez minutos. Às vezes eu me esqueço de olhar o quadro de avisos, outras eu não confio nele – será que essa informação é de hoje ou de ontem?

Hoje em dia raramente escrevo à mão. Minha caligrafia é irregular, as palavras saem faltando letras ou na ordem errada. Por isso prefiro tentar digitar o texto no computador, pois conto com a ajuda do corretor ortográfico.

Passar roupa pode ser perigoso. Tenho de lembrar que parte do ferro está quente e como colocar água dentro dele. Depois, olho para a camisa e penso: Como é que eu faço isso? Que parte devo passar primeiro? Como mantenho meus braços e mãos longe da superfície quente? Tenho de me concentrar bastante para ter certeza de que sei onde essas partes do meu corpo estão e de que elas estão fora da zona de perigo. Lavar roupa também é um problema, pois é complicado separar a roupa: as peças brancas acabam misturadas com as escuras e tenho de começar tudo de novo. Esvaziar a lava-louça é um verdadeiro teste mental em que tento descobrir onde devo colocar todos aqueles itens.

Num dia ruim, quando estou sozinha ando pela casa preparando xícaras de chá, colocando a roupa para lavar ou fazendo alguma outra coisa, mas depois me esqueço do que estou fazendo. A roupa pode ficar dentro da máquina – embora ela apite no final da lavagem, se eu não estender a roupa no varal imediatamente e ficar envolvida com outras tarefas domésticas, acabarei me esquecendo dela por completo. O trabalho de jardinagem fica incompleto e a cama, desfeita. Então, de repente vejo algo que ficou inacabado e corro para terminar. Assim, posso passar o dia todo correndo de um lado para o outro de maneira estabanada e fazendo coisas desconexas. Quando me lembro de fazer algo, corro para escrever no quadro de avisos ou no meu iPhone, falando comigo mesma enquanto vou apressada para a cozinha. Se eu não falar em voz alta o pensamento vai embora e quando chego ao quadro ou pego o telefone não tenho a menor ideia do que ia fazer. Mesmo que eu refaça todos os meus passos geralmente não adianta nada, e fico cada vez mais cansada ao longo do dia.

Atualmente o cansaço chega logo. Meu cérebro fica cansado do esforço de tentar pensar e se lembrar e minhas pernas ficam cansadas de correr de um lado para o outro para capturar meus pensamentos e terminar tarefas inacabadas. Eu me esforço tanto o dia todo só para sobreviver, que esgoto todos os recursos do meu cérebro. Por isso não consigo lidar bem com o estresse. Se quebro um prato, por exemplo, fico paralisada sem saber o que fazer. Fico tão estressada que começo a gritar e a xingar, parece que estou fazendo birra ou surtando. Então Paul chega e recolhe calmamente os cacos.

Escolher entre uma coisa e outra é uma chatice. Como posso escolher essa roupa e não aquela outra quando não consigo me lembrar de várias ideias ou figuras de uma só vez? Então uso o mesmo tipo de roupa quase todos os dias. Paul tem de me ajudar a decidir o que vestir quando tenho de falar em público, pois esse se torna um verdadeiro motivo de estresse para mim.

Quando Paul e eu vamos a algum lugar, tenho de vencer algumas dificuldades. A primeira é tentar me lembrar aonde estamos indo. Depois, tem a difícil escolha da roupa e do que vamos fazer. Mesmo que Paul tenha me dito que vamos sair, quando ele começa intencionalmente a pegar as chaves do carro e a vestir o paletó eu já me esqueci disso e fico bastante agitada e ansiosa. E no caminho, quando ele faz o trajeto que combinamos antes obviamente eu já me esqueci e pergunto por que estamos indo naquela direção.

Viagens são ainda mais estressantes, pois preciso arrumar a mala e isso envolve muitas escolhas. Contar os dias e noites nos dedos das mãos enquanto retiro as coisas do guarda-roupa parece absolutamente impossível. Às vésperas da viagem fico muito ansiosa, querendo fazer a mala logo para poder relaxar. Depois fico preocupadíssima, pois tenho medo de ter esquecido alguma coisa importante e quero verificar tudo novamente, o que me deixa ainda mais apavorada.

Fico assustada quando ando de carro na cidade sentada no banco de passageiro, pois o tráfego da outra mão parece próximo demais. Além disso, tenho dificuldade de lidar com as mudanças de faixa e velocidade perto do nosso carro ou até mesmo de outros carros. Meu tempo de reação é mais lento e fico bastante tensa e ansiosa quando o carro da frente reduz a velocidade ou para, pois acho que vamos bater. Na rodovia os carros do lado e da frente parecem voar e não consigo ajustar a minha percepção. Mas eu dirijo na cidade. Eu me ajusto ao meu tempo de reação e dou graças a Deus de morar num lugar bem tranquilo onde os carros andam bem devagar. Presto muita atenção quando dirijo, sem ouvir rádio nem conversar com os passageiros, e mantenho uma boa distância dos outros carros. Só dirijo de dia e com pouco trânsito.

Ao longo dos últimos anos fiz vários exames de habilitação e eles são difíceis. Primeiro vamos a outra cidade, onde não conheço as ruas nem os arredores. Depois vamos ao terapeuta ocupacional, onde durante uma hora respondo perguntas e vejo figuras na tela, de caminhões, carros, bicicletas e pedestres na tela, todos em posições diferentes em uma rotatória. "De onde está vindo esta bicicleta?", pergunta o terapeuta depois de me mostrar essa figura por apenas alguns segundos. Depois de todo esse exercício mental estou cansada, mas aí chega o examinador da prova prática em um carro estranho. Tenho de dirigir por ruas desconhecidas por mais uma hora com os dois homens batendo papo e me dando instruções de vez em quando. Tenho de me concentrar muito e depois de tudo preciso de quase uma semana de repouso.

Eu já disse que *shopping centers* são complicados para mim. Tem muito movimento, muita gente e muitos ruídos de fundo – música, conversa, choro de criança. Nunca sei onde virar, então Paul me fala calmamente para virar à esquerda ou à direita, para que eu possa parecer determinada. Fico exausta com todo aquele movimento e todo aquele ruído de fundo e tenho muita dificuldade de me concentrar no que fomos fazer. Tenho vontade de sair correndo de lá, de fugir para um lugar calmo e repousante. É como se eu quisesse "dar uma volta", como os longos passeios de carro que eu fazia com minhas filhas quando vivíamos com Jack. Quando desapareço, em geral é porque me esqueci de que deveríamos nos encontrar em algum lugar ou até mesmo que Paul está comigo. Paul tenta manter a calma e usar uma linguagem positiva, dizendo que fui "olhar as vitrines", em vez de "vagar". Ele me telefona e sempre parece encantado quando me acha. Paul sempre consegue ver quando estou sufocada por todos os diversos estímulos. Meus olhos ficam vagos e fico muito agitada. Então ele me leva para algum lugar tranquilo ou, como dizemos, para "dar uma pausa para o meu cérebro."

Tenho muita dificuldade com banheiros de *shoppings* e outros locais públicos, pois eles são repletos de espelhos, ladrilhos brilhantes, torneiras confusas e portas da mesma cor. Isso é um desafio para meus problemas para percepção espacial. Não consigo encontrar a saída, pois esqueci como entrei. Tento manter a calma até achar uma porta e procurar Paul. Ele está sempre por perto e acena para mim. É um alívio vê-lo. Às vezes rimos do tempo que ele passa fazendo hora perto do banheiro feminino – e das minhas entradas ocasionais no banheiro masculino ou no quartinho de artigos de limpeza ao tentar encontrar a saída. Como meu andar é um pouco vacilante e às vezes eu tropeço, Paul segura a minha mão, principalmente quando estamos num local desconhecido. Mesmo um piso regular, quando tem desenhos ou listras parece irregular, cheio de cantos, proeminências e ondas. Com o auxílio de Paul, posso caminhar olhando para frente, sem cair por causa de todos os obstáculos visíveis. Um tapete escuro ou uma área de piso escuro pode parecer um buraco no chão.

Escadas rolantes me deixam verdadeiramente alarmada. Tenho problemas de percepção visual, o que significa que tenho dificuldade para saber onde as partes do meu corpo estão, e evito prender as mãos ou os dedos em portas e gavetas. Sempre tenho machucados que não sei explicar como foram parar ali. É difícil também saber exatamente como posicionar meus pés ao subir ou descer escadas. Preciso me escorar em Paul e no corrimão e prestar bastante atenção nos degraus. Por isso, numa escada rolante é difícil ajustar a minha percepção do que está à minha volta, que está em movimento. O mais difícil é entrar na escada com os degraus se afastando para cima ou para baixo. Nunca sei direito como ajustar o passo ou meu ritmo para ter certeza de que não vou cair. Paul fica do meu lado e me ajuda, mas às vezes fico paralisada e simplesmente não consigo entrar na escada em movimento. Então temos de procurar um elevador. Mas continuo tentando, mesmo quando estou sozinha, pois acho que é importante para manter meu cérebro ativo.

Num lugar que conheço bem eu ainda consigo me locomover sozinha. Mas num lugar estranho não consigo mais encontrar a saída, pois esqueci completamente por onde entrei. E mesmo que eu me lembre de alguns aspectos, tudo parece muito diferente no percurso de volta. O mapa na minha mente, que era tão bom, desapareceu.

Paul deixou de lado o hábito cavalheiresco de dizer: "Primeiro as damas" quando estamos num lugar estranho, pois isso é muito difícil para mim. Eu seguro na mão dele e peço que vá na frente. Preciso de tempo para entender o que vejo diante de mim. Quando encontramos algum conhecido e ele pergunta "Você se lembra de mim?", eu entro em pânico.

É como o medo do palco, de modo que qualquer fragmento de memória desaparece na névoa da minha mente. Posso reconhecer o rosto da pessoa, mas não o nome ou alguma coisa sobre ela.

Quando Paul não está, eu me esqueço de comer. As refeições, principalmente o café da manhã e o almoço, não despertam muito interesse em mim. É Paul que geralmente prepara nosso jantar e ele faz de tudo para eu sossegar, pois tenho dificuldade de parar e sentar no final da tarde, nem que seja por pouco tempo. Adoro passear com meu cachorrinho, um *poodle toy* preto fofinho chamado Digger, mas quando volto ainda corro de um lado para o outro fazendo um monte de coisas que acho que precisam ser feitas. É como se eu estivesse com energia acumulada e precisasse gastá-la.

Eu tenho uma rotina para ir para a cama, portanto essa parte é fácil. Mas ainda ando para cima e para baixo querendo fazer coisas ou anotações, quando devia estar descansando ou lendo na cama. Quando apagamos a luz, parece que meu cérebro engatou a sobremarcha e passa um monte de coisas pela minha cabeça, coisas que quero me lembrar ou fazer. Se é difícil relaxar meu corpo, imagine a minha mente. Se eu ficar acordada por cerca de meia hora, acendo a luz de novo e tomo temazepam, um sedativo para ajudar meu cérebro a desligar. Muitas vezes ainda está escuro quando acordo. Preciso desesperadamente saber que horas são; se estiver amanhecendo posso me levantar. Mas geralmente só se passou cerca de uma hora e sei que ainda tenho a noite toda pela frente. Então acendo o abajur com uma luminosidade bem fraca para não acordar Paul e leio um pouco. Ler a Bíblia me acalma. Eu consigo me sentir em paz e pronta para apagar a luz novamente.

Uma vez, tínhamos convidados para o almoço no dia seguinte e planejamos limpar a casa pela manhã antes que eles chegassem. Mas não consegui dormir; virei de um lado para o outro a noite toda, ansiosa para arrumar a casa e deixar tudo preparado para os nossos convidados. Fiquei imaginando o que faríamos primeiro e se conseguiríamos fazer tudo e falava sobre isso o tempo todo com Paul. No final ele disse: "Será que não é melhor fazer isso agora?" Eu aceitei de bom grado sua oferta e nós dois arrumamos a casa e passamos aspirador no meio da noite até que eu caí num sono profundo e reparador.

A demência é como um *jet lag* permanente e é difícil pegar no sono à noite; mas, se eu cochilar durante o dia, acordo confusa. Não consigo mais me acalmar meditando ou rezando, pois é difícil mentalizar imagens ou palavras. Tudo fica muito confuso, o que contribui para aumentar o meu estresse. Meu cachorrinho Digger me conforta. Pegá-lo no colo e fazer carinho na sua barriguinha peluda me acalma quando tento dormir e ele fica bem juntinho de mim como se sentisse que estou acordada, me tranquilizando. Tenho certeza de que ele sente quando estou estressada ou preocupada e corre para me tranquilizar com a sua presença. Minha realidade se situa entre sonhos vívidos e um dia confuso. Os sonhos são tão reais e o cotidiano é tão confuso que às vezes tenho minhas próprias ideias sobre realidade, sem ter certeza sobre o que ocorreu ou não.

Fico furiosa, ansiosa e perturbadíssima com as coisas mais insignificantes – é como se eu tivesse perdido todos os meus recursos internos para suportar o estresse. Tenho vontade de gritar, andar de um lado para o outro ou até mesmo me refugiar no vazio. Minhas emoções oscilam constantemente – apática, excitada, triste. Fico preocupada pelo fato de as coisas tristes nem sempre me deixarem triste e as coisas alegres nem sempre me deixarem feliz. Tem alguma desconexão em algum lugar do meu cérebro.

Muitas vezes, parece que simplesmente tem muita coisa acontecendo ao mesmo tempo. Ataques de pânico terríveis e manias expressam um conflito interior quando tento desesperadamente encarar o fato de que não sei o que aconteceu, o que está acontecendo e o que acontecerá. Fico superansiosa, sentindo um pânico crescente. Meu dia parece um redemoinho que me arrasta para uma mixórdia de futuro e passado, coisas a fazer e coisas que não foram feitas. Preciso desesperadamente de uma âncora. Meu estômago revira e meus músculos ficam tensos a ponto de doerem. O resultado pode ser um dia de cama com enxaqueca, diarreia e vômito. Dizer para eu descansar não vai ajudar, pois fico ainda mais agitada. Em vez dessa superansiedade, mergulhar na apatia é hoje uma perspectiva tentadora e repousante para lidar com a minha sobrecarga acachapante. Não seria falta de interesse, mas de energia e capacidade.

Repassando as páginas da minha história, dentro do ciclo de nascimento, vida e morte, eu me pergunto: quem sou eu? Filha, trabalhadora, esposa, mãe, avó? Minha vida é formada por camadas de experiência formadas a partir do meu nascimento. Eu consigo retirar essas camadas para vislumbrar vários "eus", várias vidas antes de agora, e perceber que sou muito mais do que a soma dessas partes: hoje eu encerro um futuro. Somos seres temporários neste planeta, que viemos ao mundo na forma terrena, percorremos os caminhos da vida numa teia dinâmica de relacionamentos e desaparecemos com a morte.

A demência costuma ser descrita como uma "perda do eu", sugerindo que em algum momento a pessoa que sofre de demência perde a noção do que representa ser humano. Mas sobre qual "eu" estamos falando? Qual dos meus vários "eus" na minha trajetória de vida – criança, esposa, mãe, avó? O meu eu cognitivo, emocional ou espiritual? Em que estágio da demência você pode me negar a individualidade? Quando exatamente eu deixo de ser eu? Essa hipótese de que a pessoa perde o seu "eu" e se torna uma concha vazia fez com que na época do diagnóstico eu enfrentasse o medo terrível de deixar de ser eu mesma: não seria apenas uma morte física, mas também uma morte emocional e psicológica gradual, num longo adeus. Mas eu rejeito essa ideia e quero me concentrar em quem sou hoje e no que ainda posso fazer. Posso viver uma nova vida num ritmo mais lento. O desafio é viver num mundo de esperança, alternativas, crescimento e possibilidades.

SEGUINDO EM FRENTE

— Bem, disse o professor. — Não há nenhuma dúvida quanto ao diagnóstico. — Então deslizou a cadeira pelo piso do seu consultório minúsculo, tirando os olhos da tela do computador e virando-se para mim. — Os exames de imagem mostram claramente os danos nos lobos frontais, que se estendem até a parte posterior. O seu cérebro claramente encolheu. E as conexões entre os dois hemisférios estão ficando muito mais delgadas. A conectividade entre as áreas do seu cérebro, e, portanto, a sua velocidade de processamento, é obviamente problemática.

Estávamos todos espremidos naquele cômodo minúsculo: o professor, seus alunos de doutorado, Paul e eu. Eu tinha acabado de passar algumas horas fazendo exames e as imagens da ressonância magnética de alta resolução feitas naquele dia estavam na tela. O professor John Hodges é um especialista mundial em demência frontotemporal, um professor da Universidade de Cambridge e atualmente o chefe de uma equipe de pesquisadores da NeuRA, um instituto de pesquisas independente associado à Universidade de New South Wales.

— O que o senhor esperaria — perguntei — se visse meus exames sem me conhecer?

— Bom, certamente eu não esperaria ver você aqui sentada falando comigo. As imagens mostram uma demência moderada. É extraordinário. Acho que nunca vi um caso como o seu, de alguém que vive vinte anos com esse grau de lesão cerebral.

Eu conheci o professor Hodges em 2007, quando fomos apresentados por um conhecido em comum. A especialidade dele é demências atípicas, portanto ele estava interessado no meu caso e eu estava interessada no seu foco em terapia e reabilitação de pessoas que sofrem de demência.

A etapa seguinte na jornada do meu diagnóstico foi em 2007, quando o professor Hodges me encaminhou para um exame de neuroimagem com composto B de Pittsburgh (PiB) em Melbourne, que poderia revelar sinais de doença de Alzheimer. Essa é uma tecnologia relativamente nova, indisponível na época em que fui diagnosticada com demência, capaz de estabelecer um diagnóstico definitivo de doença de Alzheimer ao mostrar a presença de placas amiloides no tecido cerebral. Antes do advento dessa tecnologia, a única maneira de confirmar ou descartar a doença de Alzheimer era por meio de biópsia cerebral (feita após a morte). Mas o exame realizado com PiB não mostrou sinais de placas no meu cérebro, o que deixou o professor Hodges ainda mais intrigado e o levou a duvidar que a causa da minha demência fosse Alzheimer. O professor Hodges disse: – Isso obviamente é muito interessante e vai totalmente contra o meu ponto de vista clínico [inicial] de que seus problemas provavelmente se deviam a uma variante bastante rara da doença de Alzheimer.

Ele continuou interessado no meu caso e permanecemos em contato. Alguns anos depois, ele sugeriu que eu fosse para Sydney fazer outros exames especializados de função executiva e memória topográfica, bem como uma ressonância magnética de alta resolução.

Eu havia passado por uma longa jornada de testes e exames de imagem até chegar a esse ponto de diagnóstico final. Chegamos ao aeroporto de Sydney num dia quente de primavera, em setembro de 2011. Esperamos em fila para pegar um táxi até o local onde ficaríamos hospedados, bem em frente ao hospital. Fiquei de olhos fechados durante todo o trajeto, enquanto o táxi virava à esquerda e à direita, aumentava e diminuía a velocidade, driblando o pesado tráfego de Sydney. Depois de um tempo interminável balançando de um lado para o outro, segurando-me contra as paradas e reinícios de movimento e vendo luzes e flashes escuros por trás das pálpebras fechadas, chegamos à pensão onde ficaríamos.

Na manhã seguinte chegamos ao centro, onde fomos recebidos por uma das alunas de pesquisa do professor Hodges, que nos conduziu por um labirinto de corredores. Segurando com força a mão de Paul, eu sussurrei: "Não me deixe, nunca vou conseguir voltar!" A moça seguia na frente a passos rápidos e eu mal conseguia acompanhá-la. Eu tropeçava diante de qualquer inclinação no chão, por menor que fosse, e tinha de prestar muita atenção quando o tipo de piso mudava. Por fim, entramos numa área tranquila, onde pude tomar uma xícara de café enquanto ouvia os planos para aquele dia. Primeiro eu faria alguns testes, depois uma ressonância magnética de alta resolução, tudo isso para acompanhar a evolução da demência. No final eu veria o professor.

Fiz os testes de praxe: nomear objetos, relacionar coisas, relembrar histórias que me contavam. Depois de uma década ou mais desses testes, eu estava começando a reconhecer alguns deles – em alguns eu me saía muito bem, mas em muitos não. "Ah, sim, que figura engraçada, disse eu." Copiei cuidadosamente o monte de quadrados, losangos e círculos, unidos por algumas linhas curtas –, não fazia nenhum sentido e, portanto, eu tinha dificuldade de lembrar onde as figuras se encaixavam. Depois algumas listas de objetos para recordar e números para tentar me lembrar de trás para frente e de frente para trás. Credo – era tudo tão difícil!

Em seguida, o aparelho de ressonância magnética ficou pronto e lá fui eu trocar de roupa para vestir o avental do hospital, tirando tudo o que poderia reagir com o fortíssimo imã do aparelho, que parecia um torpedo. Deitada numa mesa estreita – tentando manter meu recato apesar do avental azul-claro transparente – recebi tampões de ouvido e protetores de orelha e minha cabeça foi colocada firmemente em posição.

A mesa deslizou de repente para dentro do tubo. Eu já tinha passado por tudo isso antes, portanto sabia que seria melhor ficar de olhos fechados e tentar manter a calma. Começou o ruído de batidas e pancadas em intervalos regulares. De vez em quando uma "voz do além" dizia: "Está tudo bem aí?" Logo eu estava perdida naquele túnel de ruído, fustigada pelo barulho e tentando desesperadamente manter a calma. Eu me sentia como se estivesse na sala de máquinas de um submarino, hermeticamente fechada e sem saída. Demorou uma eternidade para que me tirassem do tubo.

Sem equilíbrio, tentei sair da mesa, tropeçando no que parecia ser um piso bastante irregular. Então a jovem aluna de doutorado que tinha me recebido correu para me segurar, me impedindo de cair. Em seguida, troquei de roupa e me esforcei para acompanhar a moça por mais um labirinto de corredores sinuosos até a minúscula sala do professor. Ele fez vários testes enquanto esperava que as imagens de ressonância magnética chegassem ao seu computador e parecia um pouco decepcionado por eu ser capaz de nomear objetos e me lembrar de coisas. Aqueles testes eram novos para mim, ele tinha levado anos para desenvolvê-los. Eles foram elaborados para ser particularmente difíceis para uma pessoa com demência frontotemporal. Mas eu estava indo bem, dando nome para objetos inusitados, como tesoura de poda, toucas ninja e rinocerontes. Mas eu sabia que meu cérebro estava levando séculos para encontrar a palavra. Parecia que ele estava tateando seu caminho através de uma lama espessa para achar a palavra que combinava com a imagem. Mas achava. Eu sempre tinha amado jogos de palavras – eles ficaram gravados no meu cérebro desde que eu era muito pequena.

Naquele momento chegou o resultado da ressonância magnética. As imagens mostravam claramente que eu apresentava uma lesão considerável nos lobos frontais e um encolhimento acentuado do cérebro, apesar de conseguir fazer a maior parte dos testes do professor Hodges.

Portanto aqui estou eu, no mesmo ponto em que estava antes, em 1998, com um diagnóstico de provável demência, porém ainda represento um enigma para os especialistas. Por que eu consigo nomear objetos, por que eu consigo repetir as palavras que me dizem, por que eu consigo fazer tantos testes elaborados para detectar alguns tipos de demência?

Mas para mim isso apenas confirmou o que sempre pensei: cada um de nós é uma pessoa única, com diferentes conexões cerebrais, e uma lesão nesse órgão não será tão uniforme como uma lesão em outras partes do corpo. Além disso, a maneira com que usamos nosso cérebro durante os anos de desenvolvimento, e, mais tarde, depois do diagnóstico, pode colocar em xeque as crenças anteriores da ciência. Sempre digo que minha principal meta é simplesmente continuar vivendo – ficar por aqui – até que seja descoberta a cura ou um tratamento para demência. Não estou totalmente brincando ao dizer isso. Existem tantas pesquisas fascinantes sobre demência, suas múltiplas causas, tratamentos curativos, estudos clínicos de medicamentos e exames genéticos e tantas pessoas brilhantes envolvidas nas pesquisas, que não posso deixar de ter esperança no futuro – o meu futuro e o futuro das pessoas que ainda serão diagnosticadas com demência.

Sou fascinada pela neuroplasticidade do cérebro humano – o que tem me estimulado a sempre tentar encontrar maneiras para continuar fazendo as coisas mesmo à medida que elas se tornam difíceis. Mas o campo científico emergente da epigenética também me intriga. Trata-se do estudo da maneira como o nosso DNA fixo tem marcadores mutáveis – de modo que, na verdade, nossos genes não são tão fixos como pensávamos. Alguns genes podem ser ativados ou desativados por fatores ambientais (pense em como o tabagismo pode ativar um gene de câncer de pulmão em algumas pessoas, mas parece não afetar outras). Essa "pegada epigenética" dinâmica está por trás da maneira como a história da nossa vida pode nos predispor a doenças.

Isso me faz imaginar se as alterações no meu cérebro não foram consequência das minhas experiências. Será que a minha depressão precoce, a minha alimentação deficiente, o meu péssimo primeiro casamento, a minha falta de socialização e o meu isolamento indicam que meus genes foram expressos de uma certa maneira? Será que eu teria demência se esses fatores fossem diferentes? A nutrição é somente um dos fatores epigenéticos que modificam a expressão gênica. A depressão é outro fator que pode ter um papel destrutivo na nossa expressão gênica.

Por outro lado, pode ser que eu tenha sobrevivido até agora, em parte, porque dei uma reviravolta na minha vida – e ativei os genes bons com amor, riso e hábitos de vida saudáveis. Essas são apenas algumas reflexões minhas, depois de dar uma rápida olhada em alguns dos avanços científicos mais recentes. Mas tudo me parece promissor. Não somos o mero produto inevitável dos nossos genes – a nossa história de vida contribui para nos deixar mais suscetíveis ou nos ajudar a vencer algumas doenças.

Como eu disse, não sei e não tenho a pretensão de saber por que consegui viver tão bem por tanto tempo com demência. A resposta poderia residir na minha forma de demência: talvez seja apenas uma forma muito rara e muito lenta da doença. Ou, então, na minha grande reserva cognitiva antes da doença (que, por sua vez, foi resultado do impulso que minha mãe deu ao meu intelecto – ou apenas algo com o qual nasci – ou ambos). Poderia ser também por causa da epigenética – fatores nutricionais, ambientais e de estilo de vida que ativaram ou desativaram certos genes, desencadeando demência e depois retardando o processo. Talvez tenha alguma coisa a ver com a maneira com que eu lido com a minha doença; talvez eu esteja realmente formando novas conexões cerebrais. Mas, reiterando, talvez eu simplesmente tenha sorte de estar declinando tão lentamente que tenha tido tempo suficiente para combater a demência dessas maneiras diferentes. Existem diversas conjecturas sobre mim. Eu decidi que quero que meu cérebro seja doado para o Banco de Cérebro de Queensland, para ser estudado após a minha morte, mas mesmo assim duvido que a resposta seja clara.

Tudo o que sei é que tenho demência, e seja lá por que razão não evoluiu rapidamente para incapacidade como previsto anteriormente. (Aliás, muitos dos meus amigos do grupo da DASNI formado em 2001, inclusive Morris Friedell, também estão seguindo em frente firmes e fortes.) E graças a isso pude falar em defesa das pessoas que sofrem de demência no mundo todo, pelo que sou imensamente grata.

Eu realmente acho que minha atitude em relação à vida e à demência me ajudou muito. Eu escolho tentar viver de forma positiva. Ao fazer isso, estou empreendendo uma jornada para o centro de mim mesma, fora da complexa camada cognitiva externa que antes me definia, através do emaranhado de emoções criadas pelas minhas experiências de vida, para o centro do meu ser, para o que me dá um verdadeiro significado na vida. Isso, espero, permanecerá intacto apesar da devastação da demência.

Eu escolhi ser uma sobrevivente da demência, ter uma atitude positiva em relação à vida todos os dias, com meu facilitador, Paul, ao meu lado. Estou saindo das trincheiras do desespero e agitando a minha bandeira surrada de esforço e reabilitação. Serei corajosa; viverei o momento presente; tentarei até mesmo me superar. Não estou apenas seguindo em frente, tenho grandes ambições. Estou comemorando meu vigésimo ano de sobrevivência, olhando para trás, para a montanha-russa pela qual passei para chegar até aqui.

Tenho a intenção de viver o máximo possível. Quando vejo o que o futuro pode me reservar, é isso que me incentiva todos os dias dia a continuar lutando.

Estou em minha última batalha para sobreviver – viver o melhor que puder, enquanto puder.

ANEXOS
RECOMENDAÇÕES

Embora muitas das causas de demência não sejam conhecidas, existem várias coisas sobre as quais nós temos controle. Estudos demonstraram que problemas cardíacos, pouca atividade física, falta de socialização e falta de estimulação intelectual aumentam o risco de desenvolver demência. A Associação Australiana de Alzheimer recomenda Cinco Passos Simples para Maximizar a Saúde do seu Cérebro, a fim de combater esses fatores de risco (veja yourbrainmatters.org.au) e eu acho que a adoção desses passos deveria ser estimulada antes e depois de um diagnóstico de demência para tentar prevenir ou retardar a evolução da doença. Segundo o professor Henry Brodaty, psicogeriatra, especialista mundial em doença de Alzheimer e cofundador da ADI (Associação Internacional da Doença de Alzheimer), se conseguirmos retardar o início da doença em apenas cinco anos, poderemos reduzir em 50% o número de pessoas com demência.

Aqui estão os cinco passos:

1. Cuide do seu coração: pressão alta, colesterol alto, diabetes tipo 2 e obesidade são fatores de risco de demência. Controlar esses fatores com alimentação, exercício e medicamentos e não fumar ajudam a reduzir o seu risco de ter a doença.

2. Faça algum tipo de atividade física: fazer exercício físico é uma excelente maneira de prevenir ou retardar a demência, pois aumenta o fluxo sanguíneo para o cérebro, mantém o corpo em forma e coordenado e melhora a saúde do coração.

3. **Desafie seu cérebro mentalmente:** aprenda um novo idioma ou uma nova habilidade, comece a praticar um esporte, faça aulas de dança. Mantenha seu cérebro ativo. Infelizmente, ainda não existem muitas evidências de corroboram a teoria de que os jogos de treinamento cerebral no computador reduzem o risco de demência.

4. **Tenha uma dieta saudável:** estudos indicam que uma dieta rica em gorduras saturadas (tortas, batata frita, salgados, etc.) pode estar associada ao maior risco de demência. Em contrapartida, tanto uma dieta rica em gorduras poliinsaturadas e monoinsaturadas como uma dieta rica em peixes oleosos foram associadas ao menor risco de demência. O consumo de grandes quantidades de álcool, com o tempo, também é um fator de risco.

5. **Aproveite as atividades sociais:** o ser humano é um animal social, e podemos obter enormes benefícios nos socializando ao longo de toda a nossa vida, mas, sobretudo, após um diagnóstico de demência. Pesquisas indicam que a estimulação mental feita num contexto social ajuda a retardar a demência. Mas não se sabe ainda se o que é benéfico é a socialização ou a estimulação mental.

Eu uso diversas estratégias para me ajudar a enfrentar a vida com demência. O objetivo de algumas dessas estratégias é ajudar a manter o meu cérebro ativo, ou a formar novas conexões neuronais, para que eu continue ativa, enquanto o objetivo de outras é compensar a perda funcional causada pela demência. A experiência de demência varia de pessoa para pessoa, portanto, pode ser que essas estratégias não sirvam para todos, nem cubram todas as dificuldades impostas pela doença. Se você conhece alguém que tem demência e que não esteja interessada em minhas recomendações, *não force a barra*. Às vezes, forçar a pessoa a fazer algo que ela não quer é tão estressante que a sua memória e a sua capacidade funcional ficam ainda mais comprometidas. Por outro lado, se você tem demência e quer experimentar algumas das minhas recomendações – bem, na minha opinião elas são utilíssimas. Você também encontrará diversos folhetos informativos e dicas úteis no site da Associação Australiana de Alzheimer (fightdementia.org.au) e no meu site (christinebryden.com).

Em casa

Quadro de avisos

Como eu disse, tenho muitos problemas com o tempo. Nunca sei ao certo que dia é hoje, o que vou fazer amanhã, o que fiz ontem. É como se houvesse um buraco negro à minha volta, que suga o meu conhecimento sobre antes e depois. Não é nada fácil. Paul trabalha uma vez por semana como capelão num presídio próximo ao nosso bairro. Eu trabalho em casa sozinha feliz da vida, mas se o telefone toca nesse dia e é para Paul eu posso ficar encalacrada. Onde está Paul? Eu não sei. Não consigo vê-lo. Talvez esteja no banheiro ou no galpão. Será que ele saiu e eu me esqueci? Ou será é segunda-feira e ele está fora a trabalho? Eu não posso perguntar à pessoa que ligou em que dia da semana estamos – seria muito embaraçoso. É por isso que colocamos um quadro branco de aviso e um relógio de papelão ao lado do telefone. O quadro diz onde está Paul, e o relógio deve estar marcando o horário que ele vai chegar. Obviamente essa estratégia tem limitações, pois eu tenho de me lembrar de olhar no quadro e Paul tem de se lembrar de escrever nele suas atividades. Mas, mesmo assim, é muito prático.

A cozinha

Acho difícil cozinhar. Tenho de me lembrar de um monte de coisas e também de tomar cuidado para não me cortar ao picar legumes. Tenho de regular o forno e me lembrar de usar luvas térmicas. Tenho de seguir etapas e tomar decisões. Sempre que posso, evito cozinhar. Mas, de vez em quando, eu me desafio. É gostoso passar algum tempo na cozinha com minha família e eu adoro cozinhar com minhas filhas quando elas vêm nos visitar. Para facilitar meu trabalho, sempre faço refeições de prato único e mantenho a cozinha bem organizada. Mantenho todas as coisas sempre no mesmo lugar. Minha gaveta de utensílios é organizada por cores: os de madeira ficam numa divisória, os de metal em outra, os de cabo preto em outra e os de cabo branco em outra. Isso evita que eu me espete com uma faca quando quero pegar uma colher de madeira.

No restante da casa

Na verdade, manter toda a casa organizada e sem objetos espalhados tem sido muito útil para mim. Além de correr menos risco de tropeçar, quando as coisas sempre são recolocadas em seus devidos lugares é mais fácil me lembrar onde elas estão. Esse é um conselho bastante óbvio e útil para todo mundo, mas, para alguém que tem demência, é inestimável.

Fora de casa

Compras

Sair de casa pode ser um desafio para as pessoas que sofrem de demência, por várias razões. Mas é muito importante ficar contato com o mundo e com os amigos, manter-se ocupado e ter uma vida rica e interessante. Ficar dentro de casa olhando para quatro paredes é chato, depressivo e ruim do ponto de vista cognitivo. E também uma maneira certa de ir ladeira abaixo.

Dito isso, como eu disse antes, sinto-me sufocada em supermercados e *shopping centers*. Evito grandes *shoppings* sempre que posso, mas quando tenho de ir escolho um horário de menor movimento e às vezes coloco tampões de ouvido. O audiólogo mandou fazer tampões de ouvido especiais para mim – ao contrário da grande maioria das pessoas que o procuram para colocar aparelhos auditivos, eu não queria algo para me ajudar a ouvir mais, eu queria ouvir muito menos! Ao bloquear aquela enorme carga sensorial eu consigo me concentrar naquilo que tenho de fazer e acho muito mais fácil. Quando vou a qualquer outro lugar que não sejam as lojas locais, não vou mais sozinha.

Dinheiro

Todas aquelas moedas e notas – é difícil memorizar todas elas. É como fazer uma escolha no ato, sobretudo numa loja, sentindo-me pressionada a responder rápido. Portanto, o cartão é uma excelente opção para as pessoas que têm demência, principalmente o cartão sem contato ("tap and go").

Deslocamentos de carro

De vez em quando fico desorientada e confusa ao andar de carro. O simples fato de estar me deslocando rapidamente sem qualquer contexto visual que possa me ajudar a me lembrar onde estou e o que estou fazendo torna a experiência angustiante. Uma coisa que me ajuda muito é quando Paul conversa comigo quando estamos indo a algum lugar. Ele fica falando e a toda hora menciona aonde estamos indo e por quê. Por exemplo: "Que dia lindo para ir à casa de Rhiannon. Como será que estão os cavalos?" Então falamos um pouco sobre minha filha e a fazenda onde ela mora. Depois de um breve silêncio Paul continua: "Estou louco para conversar com Tim. Será que Rhiannon vai preparar o almoço para nós?" Ele continua me dando dicas dessa maneira, sem deixar que haja uma pausa longa na conversa e que eu pergunte: "Aonde estamos indo, Paul?" Naturalmente ele não consegue fazer isso sempre. Tem dias em que se esquece de me ajudar a refrescar a minha memória e tem de aguentar minhas perguntas constantes sobre aonde estamos indo.

Sei que não sou a única a ter problema para andar de carro. Conheço uma mulher que colocou cortinas nos vidros traseiros do carro e, desde então, passou a viajar no banco de trás. Foi a solução perfeita, pois ela finalmente voltou a sair de casa depois de anos de exílio voluntário, porque ficava muito nervosa ao andar de carro. Conheço outras pessoas que apenas usam uma máscara para os olhos, como aquelas que nos dão em aviões. Eu uso máscara à noite quando o tráfego está intenso e com todos aqueles faróis e luzes auxiliares de freio à nossa volta.

Roupas que ajudam

Certo dia eu estava indo a uma reunião do meu clube de leitura. Eu estava atrasada. Estacionei o carro, subi a escada até a lanchonete, sentei e suspirei. Então pensei no que tinha acabado de fazer. Eu tinha subido a escada sem segurar no corrimão e sem tropeçar! Como tinha conseguido fazer isso?

Muitas pessoas que têm demência, inclusive eu, são mais desajeitadas do que eram antes. Algumas apresentam comprometimento das habilidades espaciais – estou sempre prendendo a mão na gaveta, pois me esqueço de retirá-la. De alguma forma eu me sinto desconectada dos meus próprios membros. Outras têm dificuldade de subir e descer escadas, bem como de andar sobre tapete estampado. O tapete escuro parece um buraco negro, e elas tentam contorná-lo para não tropeçar.

No dia em que subi a escada sem cair percebi que estava usando um tênis vermelho vivo. Eu havia comprado aquele tênis uma semana antes porque tinha achado a cor alegre. Mas ele tem outra vantagem: a cor forte mantém meus pés no meu campo de visão, e fica mais fácil não tropeçar, pois ele me lembra constantemente da sua presença. Essa minha descoberta não passou despercebida por alguns cuidadores que me ouviram falar sobre isso e hoje recomendam para seus doentes. Isso me deixa muito feliz. Espero que possa ajudar outras pessoas com demência que tenham problemas espaciais.

Viagens longas

Paul e eu adoramos viajar. Isso é algo que fazemos por causa do meu trabalho na causa da demência, mas também porque gostamos. Porém, mesmo os feriados locais esporádicos podem ser assustadores para as pessoas que têm demência e seus cuidadores, portanto, aqui estão algumas dicas de uma viajante experiente que tem demência.

Sempre nos hospedamos em hotéis da mesma rede. Isso me dá uma sensação de previsibilidade e conforto, pois sei que o quarto será parecido em todas as cidades que formos. Até os sabonetes e xampus serão os mesmos e essa uniformidade me tranquiliza. Mesmo que a sua viagem seja rápida, tente ficar sempre no mesmo lugar – qualquer regularidade ajudará.

Nós não temos pressa. Quando viajamos dentro do próprio país às vezes é melhor ir de carro ou trem do que de avião. Uma vez chegamos a viajar desde o Hemisfério Norte de barco, em vez de avião. Eu me sinto desconectada quando viajo de avião. É como viajar de carro, mas numa escala bem maior – a gente fica num lugar estranho com centenas de pessoas que não conhecemos durante vinte e quatro horas; depois, quando saímos dali, estamos num país que não reconhecemos, com uma temperatura à qual não estamos acostumados e num fuso horário para o qual não estamos programados. Para o cérebro afetado pela demência esse é um enorme desafio. Fazer uma longa viagem de navio é sensato em diversos aspectos. Em nossa última viagem levei dez dias para aprender a voltar para a nossa cabine, por causa da minha dificuldade de orientação. Mas acabei conseguindo por meio de tentativa e erro, e também me esforçando para memorizar pontos de referência e detalhes de decoração.

Paul e eu sempre fazemos um intervalo em nossas viagens. Não consigo mais voar de Brisbane para Melbourne para dar uma palestra pela manhã e voltar para casa à noite, como já fiz a trabalho. Eu conheço minhas limitações. Sempre incluo um tempo extra em minhas viagens, para meu cérebro descansar e se ajustar às mudanças. Ficar mudando de cidade rápido demais também é uma expectativa irrealista, por isso fico alguns dias em cada lugar para recuperar o fôlego.

Meu cérebro já não lida mais tão bem quanto antes com definições de itinerários, trocas de moedas ou reservas de passagens aéreas, então passei esse encargo a Paul. Nos primeiros anos eu conseguia ajudar no planejamento das viagens, mas atualmente meu cérebro só dá conta de lidar com outras coisas, como planejar minhas palestras, enviar um e-mail para minha irmã avisando que vamos visitá-la e arrumar a mala. Meu conselho para as pessoas que têm demência é que elas conheçam seus limites. Se você se sentir sobrecarregado com o planejamento de uma viagem, peça à sua companhia de viagem para fazer isso. Você pode empregar a sua energia em alguma coisa mais agradável.

Para o cuidador, eu diria que a paciência, essa virtude que é preciso ter de sobra para viver com uma pessoa que têm demência, é fundamental em viagens. Você terá de se lembrar que ela está dando um grande passo fora da sua zona de conforto e ficar preparado para perguntas, confusão, cansaço e até mesmo níveis insuportáveis de estresse ou tensão.

Existem cartões de ajuda que podem ser obtidos junto a organizações de apoio à demência, como a Associação Australiana de Alzheimer. Na parte da frente, o meu diz: "Tenho uma doença chamada demência. Agradeço sua ajuda e sua compreensão". O cartão se abre, e dentro contém uma lista de coisas com as quais tenho dificuldade, além do número de telefone de Paul e das minhas filhas. As inspeções de segurança em aeroportos são assustadoras para mim quando somos separados e podem fazer meu cérebro paralisar, por isso já mostrei esse cartão mais de uma vez.

Desfrutando a vida
Hobbies

Em 1999, fiz um *tailleur* para Ianthe. Eu era uma excelente costureira e, embora estivesse longe de ser tão boa quanto minha mãe, tinha feito alguns vestidos para mim antes. Mas depois da demência costurar se tornou um verdadeiro desafio. Ao tirar o molde da embalagem, tive dificuldade até mesmo de me lembrar onde era o lado da cabeça. Mas com paciência e depois de várias tentativas, consegui colocar o molde na posição certa, cortar o tecido, marcar as linhas de costura e fazer o *tailleur*.

Foi um esforço exaustivo, parecia que meu cérebro tinha acabado de percorrer uma maratona. Mas eu não podia deixar de pensar que era uma excelente maneira de exercitar minha mente. Com tricô e crochê é a mesma coisa. Se você fazia antes, analise a possibilidade de voltar a fazer. Se nunca fez, pense no grau de complexidade – aprender os pontos, transformar receitas escritas em ações físicas, contar pontos e ver uma peça se formar. Todos esses são excelentes exercícios mentais. Se você entrar para um grupo ou círculo de tricô e crochê, melhor ainda, pois sai de casa e socializa enquanto aprende, reaprende ou pratica uma habilidade. Muitos hobbies se encaixam nessa categoria.

A *National Gallery of Victoria*, em Melbourne, oferece visitas guiadas de Arte e Memória criadas especificamente para pessoas que têm demência. Nelas, a arte não é analisada sob o aspecto técnico ou histórico, mas sim sob outro ângulo, o dos sentimentos que ela desperta e das lembranças que desperta nesses pacientes.

Faça atividades prazerosas, principalmente aquelas que envolvem algum tipo de habilidade cognitiva. Se você sempre gostou de "fuçar" em motores, por que deveria parar? Desde que esteja seguro e se divirta. Se adorava pintar, vá em frente! Você gosta de golfe? Continue jogando. Não desista só porque está mais lento ou não é tão bom como antes, ou então porque se esquece aonde está a bola ou não consegue acompanhar a pontuação. Se você jogar com amigos que estão tão contentes quanto você de disputar uma partida e bater papo, eles poderão te ajudar e você ainda se divertirá muito com o esporte. Se você mudar a sua perspectiva e as suas expectativas, verá que poderá curtir muito as atividades que sempre lhe deram prazer. É muito melhor do que ficar sentado dentro de casa olhando para quatro paredes – ou pior, assistindo televisão. Mantenha seu cérebro cognitivamente desafiado e socialmente engajado.

Terapia com animais de estimação

Meus bichinhos são muito importantes para mim. Temos dois gatos siameses chamados Sabre e Simba. Eles me acalmam e o seu ronronar é reconfortante. Posso chamá-los pelo nome que quiser que eles não se importam, tampouco ligam para o que sei sobre eles, então posso me relacionar muito bem com os dois. Nosso cãozinho, Digger, é um grande amigo. É um poodle toy preto – uma raça considerada muito inteligente. Ele me segue por toda a casa, enquanto eu ando de um lado para o outro tentando me lembrar do que ia fazer e vai atrás de mim quando vou regar as plantas ou sentar no terraço. Digger sempre fica feliz em me ver e nunca se afasta quando estou tensa. Ele também me ajuda a encontrar Paul dentro de casa quando eu me esqueço onde ele está.

Às vezes fico semiacordada no meio da noite entre sonhos e sentimento de medo. Sinto o coração bater forte no peito. Paul dorme profundamente ao meu lado, tocá-lo é como tocar uma superfície lisa, porém imóvel e quente – o que poderia ser qualquer coisa para o meu cérebro confuso. Então estico o braço e sinto nos dedos o pelo quentinho e encaracolado da barriga de Digger. Ele rola, esticas as patinhas contra a minha perna e me lambe para me assegurar de que estou acordada e bem. Esse é um grande conforto para mim durante a longa noite em que viro e reviro, durmo e acordo, sonho e tenho pesadelos – tudo muito longe da realidade. Ele me traz de volta suavemente para o momento presente, sempre ali, sempre afável, sempre tranquilo e afetuoso.

Nós dois fazemos longas caminhadas, o que é bom para ambos. Graças a ele, faço exercício moderado todos os dias, outra atividade comprovadamente benéfica para o meu cérebro. Sempre levo comigo o telefone celular, para o caso de me perder, ficar confusa ou me machucar, assim posso pedir ajuda a Paul. Adoro conversar com Digger, pois ele nunca critica o que eu falo. Além disso, assim como os gatos, posso chamá-lo por qualquer nome que ele responde alegremente, e nunca fica chateado com a minha falta de memória. Se puder, reflita sobre a possibilidade de ter um animalzinho de estimação; os animais podem exercer uma influência positiva na vida das pessoas que sofrem de demência ou até mesmo de depressão ou ansiedade.

Leitura

O clube do livro ao qual pertenço é parte essencial da minha estratégia para enfrentar a doença. Em primeiro lugar, é um grupo de mulheres muito simpáticas cuja companhia eu adoro, portanto tem o aspecto socialização. Em segundo lugar, o clube me estimula a ser uma leitora voraz, algo muito difícil, mas que eu me obrigo a fazer. As pessoas com demência têm dificuldade de cultivar o hábito da leitura; lembrar o significado das palavras, lembrar como se lê, memorizar os nomes e as características dos personagens e também, obviamente, lembrar a trama e acompanhá-la são grandes desafios.

Alguns anos depois que fui diagnosticada com demência, eu desisti de ler. Era difícil demais e também desanimador. Mas depois que conheci Paul, eu comentei com ele o quando sentia falta da leitura e ele sugeriu que eu tentasse novamente – começando com livros infantis. Minha irmã, que trabalhava com crianças com dificuldade de aprendizado, sugeriu que eu usasse uma régua, para acompanhar a leitura linha a linha e me concentrar somente no que estava lendo naquele momento. Com essas orientações, eu comecei a ler histórias infantis curtas. Eu levava muito tempo, tinha de reler as páginas várias vezes para fixar a trama na minha mente. Eu também fazia várias anotações enquanto virava as páginas. Em seguida eu passei para histórias simples de suspense e, depois, Paul sugeriu que eu tentasse ler *Guerra e Paz*! Você vai achar ridículo, mas eu pensei: por que não? São só palavras numa página.

Acho que o segredo consiste em nos permitir ler de uma maneira diferente de como líamos quando tínhamos um cérebro totalmente funcional. *Guerra e Paz* foi dureza. Eu fiz um monte de anotações e tive muita dificuldade de acompanhar todos os personagens (e seus nomes russos). No final, eu não conseguia me lembrar de muita coisa. E corri rapidamente os olhos por algumas partes do livro, mas isso não importa. O que importa é que eu consegui, e foi muito bom. Às vezes acho que queremos tanto ser perfeitos, ou então desistir, que nos esquecemos de que existe um mundo rico entre esses dois polos.

Gosto de ler um livro o mais rápido possível, para conseguir reter todos os detalhes da trama e dos personagens – se demorar muito eu vou me esquecer. Mas geralmente tenho de reler algumas partes e fazer anotações importantes no início do livro, até que eu memorize um pouco mais quem é quem. Depois disso, sim, às vezes dou uma folheada rápida para entender melhor do que se trata antes que eu me esqueça.

Leio e-books no meu iPad, pois posso usar o recurso de tocar numa palavra para encontrar na hora o seu significado – o que é uma verdadeira dádiva. Como é que as pessoas que têm demência faziam antes do advento de todas essas tecnologias maravilhosas? Quando uso o *e-reader* posso fazer anotações sobre o livro, e também mantê-los numa biblioteca virtual, que me ajuda a lembrar o que eu já li e o que eu ainda não li. Em geral compro livros da Amazon, e às vezes o site me diz educadamente que eu comprei o livro há alguns meses e que ele já está na minha biblioteca. Então eu procuro o livro no meu *e-reader* e o releio – e geralmente tenho uma vaga lembrança de já tê-lo lido antes. Mas essa é uma prática de leitura e é boa para o meu cérebro.

Socialização

Não, nem sempre eu me lembro do livro quando vou para o meu clube de leitura. Às vezes, só quando começamos a falar sobre ele é que tenho uma vaga lembrança da trama, até mesmo do autor ou o nome do livro, portanto, nem sempre sou eu quem mais contribui – pelo menos no começo, e de vez em quando eu penso em alguma coisa para dizer e essa é uma ótima sensação. Como diz meu geriatra, quando vou às reuniões do clube do livro eu "jogo com uma equipe melhor" e faço meu cérebro trabalhar no seu limite.

Eu tentei aprender a dançar, mas tive de desistir porque estava muito ocupada. Junto com alguns representantes da Associação Australiana de Alzheimer, em Queensland, e um professor de dança, nós desenvolvemos um programa especial de dança para pessoas com demência, que não envolve a lembrança de sequência de passos; nesse programa não tem direita ou esquerda, somente movimentos que exprimem a música. Gosto de chamá-lo de conversa não-verbal com a música. Não temos de falar e, portanto, não precisamos competir com nossos facilitadores que não têm problemas cognitivos, de modo que estamos em pé de igualdade. Dançar faz bem em termos cognitivos, por causa da complexidade dos passos, da antecipação do movimento, da atividade física e da socialização. Eu adorava, mesmo quando me embananava – o que acontecia muito, obviamente.

Recapitulação do dia

Por volta das cinco ou seis horas da tarde, meu marido e eu nos sentamos no terraço, observando as nuvens e ouvindo os pássaros, às vezes acariciando Digger (que é um cãozinho doméstico, para mantê-lo afastado das aves), enquanto tomamos uma cerveja e falamos como foi o nosso dia. Essa é uma estratégia importantíssima para mim, que recomendo às outras pessoas. Além de me aproximar do meu marido e de ser um momento prazeroso que me ajuda a evitar a depressão, essa conversa reforça a memória do que fiz naquele dia. Ao longo dos anos, Paul aprendeu a não iniciar uma conversa comigo com generalidades, como "Você gostou do nosso passeio esta manhã?" ou "O que você achou de ontem?". Em vez disso, ele diz "Fale sobre a reunião do clube do livro desta manhã". É importante que ele faça perguntas específicas por duas razões: em primeiro lugar, ajuda a me lembrar do que eu fiz naquele dia e, em segundo, me devolve um pouco de dignidade pessoal ao me induzir sutilmente a fazer isso.

Em geral, Paul me leva carinhosamente a lhe perguntar sobre seu dia – eu não sou tão boa em retribuir um favor, simplesmente porque me esqueço! E então me conta tudo o que fez. Eu gosto muito de ouvi-lo e isso me mantém conectada com o que está acontecendo.

Tecnologia

Smartphones

Eu aderi ao mundo de tecnologia da Apple, mas naturalmente toda essa tecnologia está disponível em outras plataformas, portanto, você não precisa sair correndo para comprar um iPhone. Eu recomendo que você tenha algum tipo de *smartphone* – nunca é demais ressaltar o quanto eles são úteis. Eu chamo o meu iPhone de Tardis – pois ele é ao mesmo tempo a minha máquina do tempo e a minha memória externa. Quando planejo alguma coisa, registro imediatamente no calendário do meu telefone, que entra automaticamente "em sincronia" ou envia o evento para o calendário do meu computador, do meu iPad *e* para o calendário do telefone do meu marido. Isso ajuda a manter Paul incluído nos meus planos, porque naturalmente nem sempre eu me lembro de lhe dizer o que vou fazer ou aonde vou no dia seguinte. Além disso, os eventos da agenda de Paul também ficam sincronizados com o meu iPhone; então, se eu não tiver certeza de onde ele foi, sempre posso verificar no meu iPhone (se eu me lembrar disso, hahaha) para ver onde ele está.

Uma coisa que Paul e eu não fazemos, mas que pode ser algo a ser considerado, é rastrear o *smartphone* do outro pelo GPS. Teoricamente, os casais podem saber sempre onde o outro está. Isso poderia ser útil tanto para a pessoa que tem demência, para saber onde o seu cônjuge está, como para o seu cônjuge, que pode estar preocupado com ela. Entretanto, isso não é para todo mundo. Sei de alguns casais que não têm demência que fazem isso e muitos que jamais fariam isso em nenhuma hipótese.

Outro motivo pelo qual eu adoro o meu iPhone é que ele pode me informar sobre o passado e o futuro – e ele diz que dia é hoje. Fico muito confusa em relação ao tempo. Nunca tenho certeza de que dia é, do que aconteceu ontem, do que vai acontecer amanhã ou do que vou fazer hoje à noite. Se estou conversando com alguém e ele me diz "Ontem foi muito divertido, não?", posso consultar discretamente o iPhone e verificar o que eu fiz ontem. Geralmente ele refresca a minha memória e ajuda a fazer com que o evento volte à minha mente. Acho que usar esses dispositivos para refrescar a memória é uma ótima ideia. Quanto mais vezes você se lembrar de uma coisa, mais ela vai se fixar na sua mente.

Algumas pessoas, sobretudo da geração que não cresceu com essa tecnologia, ficam nervosas em usar computadores ou *smartphone* porque nunca tiveram de usar antes. Acho que essa é mais uma razão para experimentar! Qualquer coisa que ajude você a aprender uma nova habilidade no mínimo é um bom exercício para o cérebro. E se você puder encontrar alguém para ajudá-lo a usar esses dispositivos, ou fazer um curso para aprender a usá-los, estará cumprindo todos os requisitos da socialização e do aprendizado, que sabidamente são muito bons para demência, tanto antes como depois que da instalação da doença.

E-mail

Depois que fui diagnosticada, passei a ter medo de falar ao telefone. Como eu disse antes, falar com uma voz do além do outro lado da linha era muito intimidante e embaraçoso. Às vezes, mesmo quando eu ligava para alguém, no meio da conversa me esquecia com quem estava falando. O fato de não ter dicas visuais dificultava bastante. Mas não era só isso – outro problema é que as pessoas pareciam falar rápido demais para que eu pudesse entender a essência da conversa, além de ficara constrangida quando não conseguia me lembrar da palavra certa ao responder ao meu interlocutor.

Em abril de 1997, as pessoas da minha igreja me deram um aparelho de fax de presente e eu me senti em contato com o mundo outra vez. Poucos anos depois, a internet se tornou presença obrigatória nas residências e eu aderi aos e-mails. Usar e-mails para se comunicar é uma benção para as pessoas que têm demência. Poder assimilar a mensagem em nosso próprio ritmo e escrever uma resposta ponderada tendo à mão a internet para nos ajudar a lembrar daquela palavra que precisamos é incrivelmente empoderador. Recomendo enfaticamente a todas as pessoas com diagnóstico recente de demência que usem um computador, mesmo que nunca tenham usado antes.

Com o passar do tempo eu me desafiei a voltar a usar o telefone e hoje em dia isso já não representa uma grande dificuldade para mim. Faz parte da minha determinação permanente de me desafiar, de sair da minha zona de conforto. Creio que você ficaria surpreso com o que é capaz de aprender ou reaprender. Mas se você realmente odeia falar ao telefone, deveria tentar o método de comunicação da Geração Y[*]: mensagens de texto. É uma excelente forma de comunicação instantânea, muito menos assustadora do que a comunicação por voz, pois você tem tempo de analisar a mensagem que recebeu e pensar na resposta. Além disso, é muito menos cansativo do que uma conversa, pois você pode simplesmente escrever uma mensagem curta.

Ainda adoro meus e-mails, não apenas pela maneira lenta e refletida com que posso me comunicar como também porque me coloca em contato com amigos e sobreviventes de demência em todo o mundo. Tenho

---

[*] Geração das pessoas nascidas entre 1980 e 1990. Também chamada de Geração do Milênio ou Geração da Internet, devido ao fato de serem os primeiros a nascerem num mundo totalmente globalizado.

bons amigos no Canadá, nos Estados Unidos, no Reino Unido e no Japão que têm demência e é muito bom poder me comunicar regularmente com eles. Isso ajuda a combater a solidão e também a entrar em contato com outras pessoas que estão passando pelos mesmos problemas que eu.

Skype

Uma ferramenta que até parece que foi criada para pessoas com demência é o Skype (ou FaceTime ou qualquer conexão com vídeo). Trata-se de um programa de computador que permite que você fale com outra pessoa que tenha o mesmo programa usando a câmara de vídeo do seu computador, de graça. Portanto, usando o Skype posso ver e falar com minha filha na Tasmânia daqui de Queensland ou até mesmo bater papo com minha irmã no Reino Unido. Ele fornece as dicas visuais, os lembretes de com quem estamos falando. Se você não consegue mais usar o telefone, com o Skype poderá retomar o contato com os amigos e com a família e também ampliar o seu círculo social.

Outras ideias

Descanso

Eu fico cansada. Só o fato de levar uma vida normal me deixa cansada atualmente e é muito importante descansar. Sempre me deito depois de um dia cheio de palestras, de uma viagem ou de escrever. Ficar deitada num quarto escuro e silencioso é muito importante para rejuvenescer o meu cérebro e é essencial que eu fique atenta aos sinais de que preciso descansar para evitar uma piora do meu quadro, bem como evitar enxaqueca – a maneira como meu cérebro me diz para colocar o pé no freio.

Medicação

Tenho certeza de que é a minha medicação que me deixa tão bem todos os dias. Se, por alguma razão, eu deixei de tomar a minha dose diária, fico vaga, calada e recolhida naquele dia. Ainda não existem medicamentos que detenham ou revertam a demência. Mas existem alguns bons medicamentos no mercado, como o que eu tomo, que, em alguns tipos de demência, ajudam os pacientes a desempenharem suas funções diárias.

As pessoas que sofrem de demência têm dificuldade de se lembrar de tomar o medicamento, mas existem alguns recursos que podem ajudar. Eu tinha um porta-comprimidos que emitia um sinal sonoro para me lembrar de tomar o medicamento. Toda manhã eu colocava meus comprimidos na caixinha e a programava para soar o alarme no horário da dose. Mas esse recurso não era perfeito. Às vezes, quando eu estava em público e o alarme soava, eu não conseguia ouvir. Isso quer dizer que eu não conseguia distinguir o som do porta-comprimidos de todos os outros sons ambientes. Às vezes o alarme soava e, quando eu abria o porta-comprimidos, ele estava vazio, porque alguma coisa havia alterado a minha rotina matinal e eu tinha me esquecido de reabastecê-lo. E nos primeiros dias eu tinha de escolher entre meu cérebro e meu intestino, pois o medicamento tinha efeitos colaterais horríveis. Hoje em dia o problema foi resolvido porque o medicamento é vendido na forma de adesivo transdérmico, que Paul coloca nas minhas costas toda manhã, e eu posso me esquecer disso pelo resto do dia.

Preparação

Logo depois que fui diagnosticada, passei uma procuração para minha filha mais velha. Não acho que tenha sido uma desistência. O que fiz foi assumir o controle da situação enquanto eu ainda era capaz de participar dessas decisões. Eu sabia que talvez não precisasse que Ianthe assinasse documentos no meu nome nem tomasse decisões financeiras sozinha durante um bom tempo. Porém, eu nunca poderia ter certeza de quanto tempo levaria para que o meu cérebro começasse a perder as funções que me habilitavam a tomar decisões sensatas sobre a minha situação financeira e a minha vida. Hoje é Paul que tem essa responsabilidade, embora eu ainda seja bastante capaz de tomar minhas próprias decisões. Tomara que ainda demore muito tempo para ele precisar fazer uso da procuração. Pesquisar uma casa de repouso logo depois do diagnóstico também pode ser uma maneira importante de assumir o controle da situação.

"Nunca desista. Nunca, nunca desista, nunca, nunca, nunca desista" – Winston Churchill

A pior coisa que pode acontecer a uma pessoa que foi diagnosticada com demência é o que eu chamo de "sentimento de desamparo antecipado". Isso acontece quando lhe dizem que o seu cérebro está desaparecendo e, de uma hora para outra, você começa a agir como tal. Você se prepara para ficar desesperada e sempre que alguma coisa se torna um pouco mais difícil você desiste imediatamente. Essa é uma alça de retroalimentação negativa em que você apresenta um rápido declínio, desistindo e se afastando da vida enquanto outras pessoas assumem suas funções. É esse "desuso aprendido" a que Norman Doidge se refere em seu livro sobre neuroplasticidade.

A demência é uma doença gradual – no meu caso, glacialmente lenta, mas toda demência é progressiva e gradual. Você não tem um cérebro totalmente pensante num dia e no outro, nada. Se você tivesse sido diagnosticado com demência ontem ainda seria a mesma pessoa hoje. Você apenas tem um conhecimento sobre o seu cérebro que não tinha antes. Se você permitir que esse diagnóstico o defina, se acreditar na mentira insidiosa de que as pessoas com demência não têm nada a contribuir, nada a acrescentar e vão de se tornar uma "concha vazia", estará contribuindo para que essa profecia se cumpra. Isso porque, quanto menos você usar o seu cérebro, mas rápido irá perdê-lo. Os neurônios precisam disparar, manter-se ativos, ser gerados e criar vias e não há razão para que não sejam criadas novas vias no restante sadio do tecido cerebral sadio. Não, não estou dizendo que você pode ter o mesmo nível de capacidade funcional de antes. Mas por que deixar de fazer tudo antes de ter de fazê-lo? Faça o que você ainda consegue fazer, com auxílio sempre que precisar. Pode ser difícil, muito difícil, e o seu cérebro pode estar desaparecendo numa velocidade muito maior do que o meu, o que talvez torne isso quase impossível. Mas faça o melhor que puder para curtir cada momento do seu dia. Tente preencher o dia de hoje com muitos momentos de bem-estar e prolongue a sua vida pensante sadia com atividade, divertimento e alegria.

CONSIDERAÇÕES SOBRE O FUTURO NO ATENDIMENTO AOS PORTADORES DE DEMÊNCIA

JÁ VISITEI MUITAS ALAS PARA PORTADORES DE DEMÊNCIA tanto na Austrália como eu outros países. Adoro conversar com as pessoas que vivem nessas instituições, segurar a mão delas, sorrir com elas, rezar com elas, simplesmente ficar ao lado delas. Mas o problema é que eu odeio estar lá. Fico cansada, arrasada, meu cérebro não funciona tão bem como funciona em casa. Depois de uma meia hora só tenho vontade de sentar numa cadeira e olhar para o espaço, como fazem tantas das pessoas que vivem nesses lugares. Preciso ir para casa descansar o cérebro.

Num artigo que escrevi para a revista científica internacional *Dementia*, em 2002, eu mencionei algumas pesquisas feitas por Tom Kitwood em 1995, em que ele observou que depois que uma pessoa com demência era internada temporariamente numa instituição para proporcionar um pouco de alívio à família ou ao cuidador, ou então hospitalizada, seu quadro apresentava uma rápida deterioração. Não é difícil entender por quê.

Vou precisar encontrar outro lugar para viver quando meu grau de deterioração mental me impedir de ficar em casa com Paul. Nós dois gostaríamos que ele pudesse cuidar de mim em casa pelo maior tempo possível, com assistência profissional domiciliar quando eu precisar. Mas ambos sabemos que inevitavelmente chegará o dia em que precisarei de cuidados intensivos que ele não será capaz de me dispensar. É importantíssimo que as pessoas que sofrem de demência pensem no tipo de lugar em que gostariam de viver quando não puderem mais ficar em casa e que pensem nisso enquanto ainda puderem participar das discussões familiares sobre esse assunto. Portanto, embora eu ainda não tenha encontrado o lugar perfeito, pelo menos Paul sabe o que eu quero e o que eu não quero. Se tivermos de encontrar um lugar para mim e eu não for capaz de dar a minha opinião, ele tem algumas ideias para ajudá-lo nessa busca. Muitos administradores e equipes de enfermagem de casas de repouso também sabem o que eu quero, pois ouviram minhas palestras.

O título da palestra que faço para administradores e equipes de enfermagem de casas de repouso é "A Prisão da Demência". É um título provocativo, mas quero ser bem honesta sobre como me sinto em relação a muitas casas de repouso para pessoas com demência. Sempre que visito uma, acho que parece uma prisão. Talvez eu tenha uma lista de preferências para minha futura casa – alguns itens da minha lista são fáceis de conseguir, outros dão um pouco mais de trabalho, e outros, ainda, talvez não sejam adequados a todos os portadores de demência. Mas acho que vale a pena falar sobre isso e aqui estão as minhas ideias.

Quando entramos numa casa de repouso, o vestíbulo geralmente é iluminado, arejado, alegre e com ar acolhedor. Tem mesinhas rodeadas de cadeiras confortáveis e grandes janelas. A área costuma ser bastante tranquila, o único movimento é o de pessoas que entram e saem tranquilamente. Mas, passado o vestíbulo, esses lugares geralmente são divididos em três alas: a ala de pessoas que ainda conseguem tomar banho, fazer as refeições à mesa e participar de atividades; a ala daquelas que requerem cuidados de enfermagem constantes; e a ala de pessoas que têm demência. É essa ala que me deixa com o coração apertado.

Em geral vejo pessoas sentadas em cadeiras ou espreguiçadeiras, olhando para a parede. Sempre fico espantada com a maneira como as cadeiras ficam enfileiradas, exatamente como foram deixadas pelo pessoal da limpeza. As pessoas sentam-se uma ao lado da outra sem ver ninguém, apenas olhando para o espaço. Não consigo deixar de pensar que seria muito melhor se houvesse recantos menores com as cadeiras dispostas de maneira mais aconchegante. Pode ser que às vezes as pessoas queiram olhar para o nada, mas pode ser que às vezes queiram interagir entre si, sorrindo, olhando ou conversando.

Por outro lado, nunca conheci alguém com demência que queira ser superestimulado, principalmente por ruído e movimento. Mas, invariavelmente, noto que a televisão fica ligada o dia todo, mesmo quando não tem ninguém assistindo ou perto do aparelho. A televisão pode ser uma excelente distração ou uma forma interessante de entretenimento, mas só se tiver algo específico que as pessoas queiram assistir. Pessoalmente, como alguém que têm demência, eu fico incomodada quando a televisão fica ligada o tempo todo ou com o volume muito alto. Para piorar a situação, muitas vezes o som da televisão compete com o som do rádio: o nosso pobre cérebro é bombardeado por ruídos de todos os lados.

A "poluição visual" também é bastante perturbadora, por isso eu acho que a quantidade de objetos da sala de estar deveria ser reduzida ao mínimo. Sempre achei massacrante um ambiente repleto de estímulos que competem entre si. Como a sala já fica atravancada com andadores e cadeiras, acho que seria melhor deixar o restante do espaço livre, organizado e calmo, com cores suaves e tons harmoniosos.

É importante que os pisos das casas de repouso tenham a mesma cor e a mesma textura, para não perturbar o campo visual das pessoas que tentam caminhar. Mas geralmente parece haver barreiras nos pontos em que há mudança no tipo de piso ou na junção do tapete ou carpete com o piso frio. Quando isso acontece, eu não consigo saber se é um degrau ou uma ondulação se tiver um padrão de onda. Tenho de parar, olhar atentamente para os meus pés, pensar sobre o que estou vendo e decidir se é seguro ou não prosseguir.

Eu gostaria que a iluminação fosse suficiente, porém não intensa, durante o dia e mais branda à noite, para ajudar os residentes a sentirem que a hora de repouso está se aproximando. Deve haver acesso à área externa, com cadeiras confortáveis e talvez um comedouro para pássaros, flores e outras plantas para as pessoas olharem.

Mas muito mais importante do que esses fatores ambientais são as pessoas que cuidam dos doentes. A qualidade da nossa vida depende da qualidade dos nossos cuidados. Assim como a capelania, cuidar bem das pessoas com demência significa ficar ao lado delas, sentar-se com elas, fazer contato visual com elas, pegar na mão delas e ouvi-las. Os cuidadores têm de observar sem fazer críticas, procurar maneiras de se conectar com elas durante a prestação de cuidados. Eles devem tentar responder e não reagir.

Os cuidados de higiene geralmente têm natureza íntima e é importante que os cuidadores não constranjam nem apressem as pessoas que têm demência ao ajudá-las a tomar banho ou a usar o vaso sanitário. Respeito, portanto, é fundamental, e talvez iluminação e música suaves possam ajudar algumas pessoas a relaxar, como se estivessem numa terapia de beleza. É essencial que o cuidador seja paciente e oriente a pessoa durante toda a atividade. Será que as tarefas de cuidados físicos não poderiam ser distribuídas ao longo do dia para que cada uma delas fosse uma oportunidade de interação significativa? Tenho medo de ser acordada e forçada a tomar banho cedinho só para me ajustar aos horários estabelecidos da ala, quando durante toda a minha vida gostei de tomar um banho quente e relaxante no final do dia. Não quero me sentir como se não fosse mais humana, mas um objeto manuseado por funcionários pressionados e assoberbados de trabalho. Talvez eu não esteja em condições de entender o que está acontecendo – o que aconteceu, o que vai acontecer, onde estou, por que estou aqui?

A demência prejudica consideravelmente a capacidade de comunicação. É preciso ter habilidade e paciência para se comunicar com alguém que tem demência. Ter paciência para ouvir, fazer uma pausa entre as frases, usar palavras diferentes ou mais simples, fazer expressões faciais e gestos com as mãos pode ajudar bastante. Já vi cuidadores repetirem a mesma coisa o tempo todo para o paciente, partindo do princípio de que ele não entenderia mesmo; portanto, não havia razão para tentar. Esse não é necessariamente o caso e pode ser angustiante e humilhante.

Em geral, dizem que as pessoas que sofrem de demência têm um "comportamento hostil". Pode ser que elas agridam, gritem ou chutem sem razão aparente. No entanto, essa é a única forma que elas têm de comunicar suas necessidades. Quando alguém perde a capacidade de comunicação oral, de que outra maneira poderia dizer que está sofrendo, que não gosta da comida, que está com fome, cansada ou estressada com o barulho? Eu gostaria que os cuidadores tentassem descobrir a fonte de desconforto por eliminação e não com sedativos.

E se a equipe de enfermagem soubesse alguma coisa sobre a vida dos residentes? A história deles é uma fonte rica para comunicação. Cuidadores bastante experientes me disseram que aprenderam mais sobre alguns pacientes no funeral deles do que durante os anos em que eles estiveram sob seus cuidados. Isso é trágico, pois esses profissionais perderam a oportunidade de interagir de forma significativa com seus pacientes.

Eu gostaria que os enfermeiros dessem informações essenciais aos colegas do turno seguinte para ajudá-los a se relacionar com cada um dos pacientes que estão sob seus cuidados. Eu adoraria ver plaquinhas nos quartos dos residentes, como, por exemplo, na porta, com informações sobre sua família e outros dados. Talvez fotografias ou quadros, com uma plaquinha descrevendo quem está na foto ou o significado da pintura. Isso ajudaria os enfermeiros a interagirem com os residentes. Em vez de perguntar "Esta é sua filha?" – uma pergunta provavelmente confusa e perturbadora –, o cuidador poderia dizer "Que bonita essa foto da sua filha Susan". Esse tipo de interação faria a pessoa se lembrar ou simplesmente se sentir feliz por ter uma linda filha que acabou de ser admirada.

Na minha opinião, a maneira como a ala de demência é administrada é o padrão de referência de cuidados de uma casa de repouso. Ao contrário das outras áreas, é por trás dessas portas fechadas que podemos ver o tratamento paliativo em ação. E o tratamento das pessoas com demência é paliativo, embora muitas vezes por mais tempo do que seria o caso normalmente. Ele precisa reforçar a condição humana dos pacientes à medida que eles se aproximam do final de suas vidas, quando é importante refletir, encontrar um significado e nutrir o espírito.

Acredito que precisamos nos afastar do modelo biomédico de cuidados para pessoas com demência, que encara a demência como uma doença fatal trágica e dispendiosa, e adotar um modelo experimental segundo o qual essas pessoas mudaram a sua forma de perceber o mundo e de interagir com ele. A interação que era cognitiva passa a ser emocional. Pode ser que elas não reconheçam um velho amigo por seu nome ou sua história, mas ainda reconhecerão os sentimentos de afeto e felicidade que sentem quando o veem, lembrando-as de que aquela é uma pessoa em quem elas podem confiar, que as deixam felizes. As pessoas com demência são sensíveis ao seu entorno e conseguem interpretar muito melhor as emoções do que antes. Essa é uma maneira válida e valiosa de interagir com o mundo, e precisa ser levada em consideração como um ponto forte das pessoas com demência, na falta de outros pontos fortes e outras habilidades.

Se mais pessoas superassem o medo da demência e tentassem mudar suas percepções, seríamos capazes de ver que a demência pode ser uma dádiva. Como seria se despir da camada externa da cognição e das máscaras emocionais internas, ter o espírito livre, viver no momento presente e achar isso precioso? Eu gostaria de desafiar cada leitor a nos ajudar a encontrar significado na vida das pessoas com demência e a se conectar conosco acima de tudo como pessoas e não como um ônus da doença.

A linguagem é muito importante – é fundamental não rotular as pessoas com demência e, dessa forma, diminuí-las de alguma maneira. Somos pessoas, não apenas pacientes. Não deveríamos ser definidos pela nossa doença. Se eu tivesse câncer, certamente você não se referiria a mim como uma pessoa cancerosa! Da mesma maneira, eu sou uma pessoa que tem demência, e não uma demente – não importa em que estágio da doença eu esteja. Faz uma enorme diferença a maneira como as pessoas falam conosco e sobre nós.

Trocando em miúdos, é uma questão de respeito e assume muitas formas, abrangendo a maneira como falamos com as pessoas que vivem em casas de repouso e como falamos delas, até que ponto as fazemos se sentir confortáveis e até que ponto respeitamos sua individualidade e suas escolhas cotidianas.

Sempre ouço os enfermeiros conversarem alto entre si sem levarem em conta que estão na sala de estar dos residentes. As pessoas com demência geralmente querem paz e um tom de voz suave. Ruídos altos e conflitantes podem ser confusos e cansativos. No meu modo de ver, os enfermeiros são os visitantes e devem agir como se estivessem na casa de alguém, em vez de achar que os residentes estão presentes no seu local de trabalho. Muitos dos funcionários são temporários ou de agências, e é difícil para as pessoas com demência verem-se rodeadas de rostos estranhos o dia todo. Já vi enfermeiros correndo para dar conta de uma carga insuportável de cuidados físicos antes de terminar o seu turno. Os doentes não são mais pessoas: são apenas bocas para alimentar, corpos para lavar, roupas para arrumar e camas para fazer – pouco mais do que isso. Como tal, suas necessidades emocionais e espirituais frequentemente não são atendidas.

Será que as atividades atribuídas às pessoas com demência são sempre significativas? Se uma pessoa era apaixonada por trabalhos manuais talvez goste de fazer flores de papel e cartões. Mas se era enfermeira ou cuidadora, talvez prefira ajudar dobrando toalhas, lavando ou tirando o pó. E as que gostavam de consertar motocicletas ou pescar?

As pessoas com demência precisam de atividades relevantes e significativas que as façam se sentir valorizadas e conectadas com aqueles que as cercam. Se estiverem ativas e ocupadas, poderão responder. Já vi bebês, animais de estimação e humor fazer milagres, estimulando as pessoas em casas de repouso a voltar à vida. A memória implícita delas pode ser destravada com música, plantas, aves, passeios ao ar livre, etc.

A perda das funções cognitivas não diminui seu espírito nem a relação com o divino das pessoas que têm demência. Minha relação com Jesus dá sentido à minha vida e isso pode se tornar ainda mais forte quando as máscaras da cognição e da emoção caírem e revelarem meu espírito interior. Muitas dessas pessoas ficam profundamente espiritualizadas ao se aproximarem da morte, quer tenham tido ou não alguma religião antes. Portanto, é imprescindível que elas não sejam excluídas de suas práticas espirituais. Muitas casas de repouso realizam cerimônias religiosas, mas por causa de uma deficiência no quadro de funcionários a ala de demência raramente, ou nunca, participa. E os voluntários que oferecem esses serviços geralmente não são convidados, nem treinados, para atender a essas pessoas. Algumas nunca tiveram uma crença religiosa formal, mas sentem Deus na música, na natureza ou na arte. É preciso recorrer ao que quer que seja que lhes dê uma sensação de propósito e significado na vida.

É preciso refletir sobre a natureza da demência de cada paciente. Às vezes, podem ser necessárias alas menores, adequadas aos tipos de pessoas que estão sendo tratadas. As perguntas que devem ser feitas são as seguintes: será que as pessoas que vivem juntas numa casa de repouso são afetadas pela demência de maneiras muito diferentes? Será que algumas delas são violentas, agressivas, rebeldes? Será que alguém se sentiria bem vivendo com elas?

Eu gostaria de ainda poder desfrutar dos prazeres cotidianos simples. Quero que meu prato seja colorido e que agrade aos meus olhos. Para mim, a comida não tem necessariamente de ser saborosa nem aromática, mas tem de ser fácil de mastigar. Quero comer com calma, pois mastigar e engolir não é fácil nem automático para mim. E que tal uma taça de vinho no jantar? Por que eu deveria me tornar abstêmia nos últimos dias de vida?

Existem informações sobre ambientes favoráveis à demência (o site da Associação Australiana, fightdementia.org, é um bom lugar para começar). Em geral, basta fazer algumas adaptações.

Não sei como todos os meus sonhos poderiam ser realizados, pois tenho consciência de que existem restrições de custos, tempo e mão de obra. Mas, se não formos tratados como seres humanos com necessidades emocionais e espirituais – bem como necessidades físicas –, poderá sair mais caro no longo prazo.

Eu adoraria ver pessoas nos estágios iniciais da demência visitando casas de repouso junto com suas famílias. Elas poderiam inspecionar a instituição e conversar com os funcionários para ter uma impressão do local. Mais cedo ou mais tarde todas precisarão de cuidados. Elas são especialistas na experiência viva da demência e essa especialidade deveria ser usada.

Apesar de sonhar com um futuro melhor, creio que a melhor coisa que posso fazer é tentar mudar a percepção dos cuidados prestados às pessoas com demência. O primeiro passo é muito simples. Peço apenas que você comece a falar na primeira pessoa; coloque-se no lugar delas: você não conseguirá comunicar claramente o que quer, como num país estrangeiro. Você será inserido num mundo novo onde vai morar pelo tempo limitado que lhe resta na Terra. É aí que você quer estar? Se pudesse se expressar claramente, o que você diria? O que pediria à sua família e aos seus amigos se ainda pudesse se fazer entender?

Existem muitas abordagens aos cuidados das pessoas com demência, e todas falam em dar prioridade à pessoa e não à doença. Mas será que elas analisam todos os aspectos da nossa condição humana? Tudo o que peço é que os tomadores de decisão tentem se colocar – mesmo por um curto momento – no lugar da pessoa com demência que está vivendo dentro dessas quatro paredes.

Agradecimentos

AGRADEÇO A ANDREA MCNAMARA, da Penguin, por acreditar que eu tinha material para escrever um livro, e por não desistir dessa ideia durante alguns anos depois de me ouvir pelo rádio. Obrigada Sarah Minns, pois sem você não haveria livro, apenas anotações e um ou dois capítulos. Foi muito bom trabalhar e compartilhar a minha vida com você. Você sabe mais sobre mim que qualquer outra pessoa! Obrigada também às minhas excelentes revisoras, Jo Rosenberg e Clare James – vocês fizeram um trabalho fantástico.

Obrigada, Ianthe, minha primogênita, por ser minha primeira cuidadora, adiando seus estudos e se mudando para perto para tomar conta não apenas de mim, mas também de suas irmãs. Você me defendeu e defendeu a si mesma durante meu primeiro casamento, e gentilmente me perdoou por não as proteger nem sair de casa mais cedo. Obrigada, Rhiannon e Micheline, por me perdoarem por não ter sido capaz de lidar com meu diagnóstico, entrando em depressão e deixando vocês sozinhas em seu sofrimento. Vocês três me perdoaram pelos anos turbulentos que precederam meu diagnóstico, apesar do enorme impacto que esse trauma teve na vida de vocês.

Obrigada, acima de tudo, a você, Paul, meu marido querido, por entrar na vida de todas nós como uma rocha, mantendo-nos unidas novamente ao longo dos anos, com amor e paciência. Você nos deu esperança em um novo futuro. Como meu facilitador, você me ajudou a fazer o melhor que posso, e, ao fazer isso, retirou a carga dos ombros das minhas filhas. Com você ao meu lado, pude me tornar uma defensora das pessoas com demência em todo o mundo,e falar em nome daquelas que não conseguem se expressar.

Devo minha vida às minhas filhas e a Paul – ainda estou aqui graças ao seu amor e apoio incondicionais.

Nota: meu livro *Nothing About Us, Without Us* (Jessica Kingsley Publishers, 2015) traz uma seleção das minhas palestras ao longo dos últimos anos, inclusive minha palestra com Morris Friedell e a palestra sobre "A Prisão da Demência" mencionadas neste livro. O "incidente da casa de campo" relatado neste livro aparece em *Dancing with Dementia* (Jessica Kingsley Publishers, 2005) e foi reproduzido com permissão da editora. Os Cinco Passos Simples para Maximizar a Saúde do seu Cérebro são cortesia da Associação Australiana de Alzheimer (acesse yourbrainmatters.org.au).

Conheça outros títulos da editora em:
www.editoraseoman.com.br